军民一体化装备维修保障系统论

赵明 著

国防工业出版社

·北京·

内 容 简 介

本书从系统科学的视角,将军民一体化装备维修保障作为一个复杂系统,重点研究了其要素结构、功能实质、演化发展、外部环境、运行及其管理等基本理论问题,初步构建了军民一体化装备维修保障的理论框架,提出了在新的历史时期推进军民一体化装备维修保障建设的思路对策。

图书在版编目(CIP)数据

军民一体化装备维修保障系统论 / 赵明著. —北京:
国防工业出版社,2014.7
ISBN 978 - 7 - 118 - 09460 - 2

Ⅰ. ①军… Ⅱ. ①赵… Ⅲ. ①武器装备—维修—军需保障 Ⅳ. ①E237

中国版本图书馆 CIP 数据核字(2014)第 126252 号

※

国防工业出版社出版发行

(北京市海淀区紫竹院南路 23 号 邮政编码 100048)
北京嘉恒彩色印刷有限责任公司
新华书店经售

*

开本 710×1000 1/16 印张 9¾ 字数 186 千字
2014 年 7 月第 1 版第 1 次印刷 印数 1—2500 册 定价 46.00 元

(本书如有印装错误,我社负责调换)

国防书店:(010)88540777 发行邮购:(010)88540776
发行传真:(010)88540755 发行业务:(010)88540717

序

　　在全面推进军民融合式武器装备建设深度发展的今天,已经没有人怀疑军民一体化装备维修保障的必要性了。但关于如何开展军民一体化维修保障的争论却始终没有停止过,甚至直到现在人们还会在问:即便是高新技术武器装备真的只有研制和生产单位才能维修吗? 美国的"合同商保障"经验我们现在能用吗? 各个军兵种与军工集团签订的各种形式的军民融合式保障协议真的十分有效吗? 经济发达地区和经济欠发达地区的军民一体化维修保障能够同步推进吗? 等等。

　　对于这样一些问题做如何回答,表面上看与人们的政治素养和知识状况有关,本质上却决定于人们的思维方式。当我们以"实物中心"论的观点解答这些问题时,人们的回答就可以十分肯定,那就是"当然是"。理由也十分充分:高新技术武器装备十分复杂;美国在海湾战争中已经取得了成功经验;《解放军报》对有关消息进行了全面报道;这是中央军委的重大决策;等等。当我们以"结构中心"论的观点解答这些问题时,则显的困难和复杂起来,因为哪怕再复杂的武器装备,从军队作战需要来看,也决不能放弃部队中修和小修的任务;因为即便是美国早在 1991 年海湾战争中就已经成功运用,也不意味我们今天运用就一定成功,这决定于我们国家的经济、科技、体制和法制等是否满足了开展合同商保障的需要;因为即使签订了各种协议,但仍然需要保障协议有效履行的条件;因为中央军委决策是大政方针,并没有给出具体答案,需要发扬求真务实的精神,努力探索其具体的规律特点,才能确保这一思想落到实处;等等。

　　面对纷繁复杂的社会需要,在军民一体化维修保障问题上做出前一种回答本无可厚非。从"社会研究之外的选择"来看,人们最习惯于依赖"权威""传统""常识""媒体的神话"和"个人经验"。更何况,从应用研究层面来看,军民一体化维修保障研究是此项工作的一部分,主要由理论研究之外的赞助者来评价;研究问题也容易被限制在赞助者的需要之内;驱动目标是使研究结果有实际的回报或被采纳;成功的标志往往在于研究结果被赞助者用到决策中去,甚至被领导批示或赞扬。但同时我们也应当看到,仅仅有前一种回答则是远远不够的,用"结构中心"论的观点看,我们看到的不应只是"军民一体化维修保障"本身,更应该看到的是"军民一体化维修保障"与影响"军民一体化维修保障"各种因素的相互关系及其连接方式，因为"军民一体化维修保障"这样的"社会研究是个讲求结构、组织和系统的过程"。

如果想要对军民一体化维修保障做出后一种回答，那就不能只是满足于"社会研究之外的选择"，而是要用社会科学研究之内的科学态度和方法了。对于研究军事装备实践问题或装备维修保障问题的人来说，应当首先考虑到这也是一个科学共同体，"是受到一组共同的规范、行为、态度所约束的一群人。它是一个专业共同体，因为在其中发生互动的一群成员共享着一套道德原则、信仰与价值、技术与训练，以及职业生涯路径。"因此必须遵守科学共同体的规范，不是只看有关人员的好恶，而是更要根据科学价值加以判断；不是漫不经心地就接受那些已有的观念或证据，而应对现有的研究和主题进行挑战和质疑；不是盲目地排斥相反的意见，而是科学公正地广纳所有非预期的观察或新的观念；不是仅仅满足于赞助者的需要，而是期望其他相关学者的公正评价；不是简单地解读相关政策，而同样要关心研究成果的内在逻辑及严谨程度；不是只看领导和实践者的态度，而同时要寄希望于在高水平的期刊上发表，并对研究同样问题的人有所启发和影响。

对于军民一体化维修保障这样一个选题，能够做出第二种回答，是我所希望的，也是作者本身想努力做到的。尽管很多地方还需要深入研究，但该书始终把军民一体化装备维修保障作为一个系统来对待，深入分析军民一体化装备维修保障系统、军民一体化装备维修保障环境和军民一体化维修保障运行等基本理论问题，这远比得出一两个具体结论要更有意义，也更接近于真正的社会科学或军事科学研究。尤其是军民一体化维修保障还"完全是在实际经验的基础上发展起来的，而它的理论问题很少受到关注"，甚至更多地看重"权威""传统""常识""媒体的神话"和"个人经验"的时候，这种精神和态度就更加难能可贵了。我始终坚信，尽管这些理论并不一定是人们想要的，但一定是推进军事装备维修保障实践所需要的。

郭世贞

前　言

随着新世纪新阶段我军使命任务的不断拓展和军事斗争准备的深入推进，大量高新技术武器装备陆续配发部队，对装备维修保障提出了新的更高的要求，迫切需要地方保障力量更多地参与武器装备维修保障工作。近年来，军队和地方有关单位适应形势发展需要，陆续开展了军民一体化装备维修保障工作，收到了明显的成效。但由于受到管理体制、运行机制和配套建设等因素的制约，军地装备维修保障资源综合利用效益不高等问题还没有得到根本解决，迫切需要通过深化改革，大力推进军民一体化装备维修保障建设。要完成中央军委赋予的这一重大改革任务，急需开展军民一体化装备维修保障系统研究，探索基本规律，科学指导改革实践。

本书运用系统科学的视角，将军民一体化装备维修保障作为一个复杂系统，重点研究了其要素结构、功能实质、演化发展、外部环境、运行及其管理等基本理论问题，初步构建了军民一体化装备维修保障的理论框架，提出了在新的历史时期推进军民一体化装备维修保障建设的思路对策。本书的主要内容如下：

（1）明确界定了军民一体化装备维修保障的基本概念。在研究"军民一体化"及"装备维修保障"等概念的基础上，界定了"军民一体化装备维修保障"的概念，对相关概念进行了辨析，为系统深入研究军民一体化装备维修保障理论奠定了基础。

（2）深入研究了军民一体化装备维修保障的历史演化。从历史的角度分析了军民一体化装备维修保障的演化过程，概括出军民一体化装备维修保障演化的三个历史阶段。

（3）科学构建了军民一体化装备维修保障系统。运用系统科学的观点和方法，研究了军民一体化装备维修保障的主体、客体、手段三要素，分析了军民一体化装备维修保障的结构和功能。

（4）全面分析了军民一体化装备维修保障与经济、科技、政治、文化等外部环境的相互关系，研究了外部环境对军民一体化装备维修保障发展的各种不同影响和制约。

（5）全面研究了军民一体化装备维修保障的运行。分析了军民一体化装备维修保障的运行机制、运行模式，并对器材保障、法规制度、信息支撑和人才培训等运行条件进行了探讨，着眼战时应用，研究了军民一体化装备维修保障的战时运行问题。

（6）深入研究了军民一体化装备维修保障的管理。在研究军民一体化装备维修保障管理的特点、职能、原则的基础上，着重对军民一体化装备维修保障的计划管理、合同管理、风险管理进行了研究。

（7）在本书前六章研究的基础上，针对当前军民一体化装备维修保障建设中的薄弱环节和难点，提出了我国军民一体化装备维修保障建设的宏观思路，从转变思想观念、完善配套建设、培育外部环境、提高管理能力四个方面入手，提出了具体对策建议，论述了军民一体化维修保障建设需正确处理的三个重大关系。

本书注重理论联系实际，全面、系统地反映了有关军民一体化装备维修保障的最新研究成果，并具有适当的超前性，可为进一步研究和实施我国军民一体化装备维修保障提供重要的理论与决策参考。面对这一初步的成果，备感欣慰的同时，也认识到这是一个装备重大理论问题，是一项长期而艰巨的任务，今后还需要付出更多的努力。更希望以本书为引玉之砖，引起更多人的关注思考，在这条道路上一并探索前行。

本书在成稿过程中参考或引用了许多专家学者的资料，为了保持书中叙述的连续和顺畅，没有在文内一一注出，其参考文献和著作目录一并在书后列出。笔者对这些成果的创造者表示钦佩，并对这些成果为本书提供参考深表谢意。由于本人能力和水平有限，书中难免有不足之处，恳请读者多加批评指正。

赵　明
2014 年 5 月

目　录

第一章　绪论 …………………………………………………… 1

一、研究背景及意义 ………………………………………… 1

（一）研究背景 …………………………………………… 1

（二）研究意义 …………………………………………… 2

二、基本概念 ………………………………………………… 3

（一）军民一体化 ………………………………………… 4

（二）装备维修保障 ……………………………………… 7

（三）军民一体化装备维修保障 ………………………… 9

（四）相关概念辨析 ……………………………………… 10

三、国内外研究现状及评述 ………………………………… 14

（一）国内研究现状 ……………………………………… 14

（二）国外研究现状 ……………………………………… 16

（三）研究现状评述 ……………………………………… 17

四、研究方法 ………………………………………………… 17

（一）系统分析方法 ……………………………………… 18

（二）矛盾分析方法 ……………………………………… 18

（三）历史与逻辑相统一的方法 ………………………… 18

第二章　军民一体化装备维修的历史演化 ………………… 20

一、原始的军民一体化 ……………………………………… 20

二、军与民的相对分离及军队自身维修能力的发展 ……… 22

三、军与民的重新结合 ……………………………………… 27

（一）外军装备维修军与民的重新结合…………………… 28

（二）我军装备维修军与民的重新结合…………………… 35

四、军民装备维修保障关系变化的基本规律 …………………… 36

（一）追求军事经济效益的统一是军民关系变化的根本着眼点…… 36

（二）经济实力是实行军民一体化装备维修保障的客观基础……… 37

（三）科学技术进步是军民一体化装备维修保障发展的

重要推动力 …………………………………………… 37

（四）军与民在维修保障中的关系变化是一个长期的历史过程…… 37

五、对推进军民一体化装备维修保障改革的启示 …………………… 38

（一）要建立多样化的军民一体化装备维修保障模式……………… 38

（二）要正确处理改革中的各种利益关系………………………… 38

（三）要坚持理论准备、组织保障和制度建设三管齐下 …………… 39

（四）要着眼提升军队核心维修保障能力稳步推进改革 …………… 39

第三章 军民一体化装备维修保障的系统 …………………………… 41

一、军民一体化装备维修保障系统构成要素 ……………………… 41

（一）维修保障主体 …………………………………………… 42

（二）维修保障客体 …………………………………………… 45

（三）维修保障工具 …………………………………………… 47

（四）基本要素之间的关系 …………………………………… 48

二、军民一体化装备维修保障系统的结构 ………………………… 49

（一）军地装备维修保障组织结构比较………………………… 49

（二）构建军民一体化装备维修保障系统结构的前提假设 …… 50

（三）军民一体化装备维修保障的组织管理结构……………… 55

（四）军民一体化装备维修作业体系结构……………………… 57

三、军民一体化装备维修保障的功能 ……………………………… 58

（一）军地维修保障系统功能比较……………………………… 59

（二）军民一体化装备维修保障系统的功能…………………… 59

第四章 军民一体化装备维修保障的外部环境 …………………… 62

一、军民一体化装备维修保障与经济 ……………………………… 62

（一）国家经济实力是军民一体化装备维修保障赖

以进行的物质基础…………………………………… 62

（二）经济结构制约军民一体化装备维修保障的结构和布局⋯⋯⋯ 63

（三）经济利益原则深刻影响军民一体化装备维修保障的
调控手段与方法 ⋯⋯⋯⋯⋯⋯⋯⋯⋯⋯⋯⋯⋯⋯⋯⋯⋯⋯⋯ 64

二、军民一体化装备维修保障与科技 ⋯⋯⋯⋯⋯⋯⋯⋯⋯⋯⋯⋯⋯ 64

（一）科学技术是军民一体化装备维修保障产生和发展的
必要前提 ⋯⋯⋯⋯⋯⋯⋯⋯⋯⋯⋯⋯⋯⋯⋯⋯⋯⋯⋯⋯⋯ 64

（二）军民一体化装备维修保障手段的改进有赖于科技创新⋯⋯⋯ 65

三、军民一体化装备维修保障与政治 ⋯⋯⋯⋯⋯⋯⋯⋯⋯⋯⋯⋯⋯ 65

（一）国家组织制度影响军民一体化装备维修保障体制 ⋯⋯⋯⋯ 66

（二）利益集团的博弈决定军民一体化改革的进程 ⋯⋯⋯⋯⋯⋯ 66

（三）政治稳定影响军民一体化装备维修保障 ⋯⋯⋯⋯⋯⋯⋯⋯ 67

（四）法规制度是军民一体化装备维修保障理性、长效发展
的根本保证 ⋯⋯⋯⋯⋯⋯⋯⋯⋯⋯⋯⋯⋯⋯⋯⋯⋯⋯⋯⋯ 67

四、军民一体化装备维修保障与文化 ⋯⋯⋯⋯⋯⋯⋯⋯⋯⋯⋯⋯⋯ 68

（一）文化对军民一体化维修保障提供知识与智力支持 ⋯⋯⋯⋯ 68

（二）文化为军民一体化装备维修保障提供科学的方法论 ⋯⋯⋯ 68

（三）文化为军民一体化装备维修保障提供价值指导 ⋯⋯⋯⋯⋯ 69

（四）文化为军民一体化维修保障凝聚力量 ⋯⋯⋯⋯⋯⋯⋯⋯⋯ 69

（五）文化在军民一体化装备维修保障中发挥着激励作用 ⋯⋯⋯ 69

（六）落后文化对军民一体化装备维修保障具有羁绊作用 ⋯⋯⋯ 70

第五章　军民一体化装备维修保障的运行 ⋯⋯⋯⋯⋯⋯⋯⋯⋯⋯ 72

一、军民一体化装备维修保障运行机制 ⋯⋯⋯⋯⋯⋯⋯⋯⋯⋯⋯⋯ 72

（一）计划主导机制 ⋯⋯⋯⋯⋯⋯⋯⋯⋯⋯⋯⋯⋯⋯⋯⋯⋯⋯ 72

（二）统筹协调机制 ⋯⋯⋯⋯⋯⋯⋯⋯⋯⋯⋯⋯⋯⋯⋯⋯⋯⋯ 73

（三）适度竞争机制 ⋯⋯⋯⋯⋯⋯⋯⋯⋯⋯⋯⋯⋯⋯⋯⋯⋯⋯ 74

（四）科学评价机制 ⋯⋯⋯⋯⋯⋯⋯⋯⋯⋯⋯⋯⋯⋯⋯⋯⋯⋯ 75

（五）监督检查机制 ⋯⋯⋯⋯⋯⋯⋯⋯⋯⋯⋯⋯⋯⋯⋯⋯⋯⋯ 76

二、军民一体化装备维修保障运行模式 ⋯⋯⋯⋯⋯⋯⋯⋯⋯⋯⋯⋯ 77

（一）军地分阶段保障模式 ⋯⋯⋯⋯⋯⋯⋯⋯⋯⋯⋯⋯⋯⋯⋯ 78

（二）承包商保障模式 ⋯⋯⋯⋯⋯⋯⋯⋯⋯⋯⋯⋯⋯⋯⋯⋯⋯ 78

（三）商业竞争性保障模式⋯⋯⋯⋯⋯⋯⋯⋯⋯⋯⋯ 79

三、军民一体化装备维修保障运行条件 ⋯⋯⋯⋯⋯⋯⋯⋯ 80

（一）军民一体化装备维修器材保障⋯⋯⋯⋯⋯⋯⋯⋯ 80

（二）军民一体化装备维修法规制度⋯⋯⋯⋯⋯⋯⋯⋯ 82

（三）军民一体化装备维修信息支撑⋯⋯⋯⋯⋯⋯⋯⋯ 86

（四）军民一体化装备维修人才培训⋯⋯⋯⋯⋯⋯⋯⋯ 88

四、战时军民一体化装备维修保障的运行 ⋯⋯⋯⋯⋯⋯⋯ 91

（一）战时军民一体化装备维修保障的特点⋯⋯⋯⋯⋯ 91

（二）战时军民一体化装备维修保障的基本要求⋯⋯⋯ 92

（三）战时军民一体化装备维修保障的组织实施⋯⋯⋯ 92

第六章 军民一体化装备维修保障的管理 ⋯⋯⋯⋯⋯⋯⋯ 96

一、军民一体化装备维修保障管理的特点、职能与原则 ⋯⋯ 96

（一）军民一体化装备维修保障管理的特点⋯⋯⋯⋯⋯ 96

（二）军民一体化装备维修保障管理的职能⋯⋯⋯⋯⋯ 98

（三）军民一体化装备维修保障管理的原则⋯⋯⋯⋯⋯ 101

二、军民一体化装备维修保障的计划管理 ⋯⋯⋯⋯⋯⋯⋯ 103

（一）军民一体化装备维修保障计划⋯⋯⋯⋯⋯⋯⋯⋯ 103

（二）制定军民一体化装备维修保障计划的程序 ⋯⋯⋯ 104

（三）计划管理需注意的问题 ⋯⋯⋯⋯⋯⋯⋯⋯⋯⋯⋯ 107

三、军民一体化装备维修保障的合同管理 ⋯⋯⋯⋯⋯⋯⋯ 107

（一）实施合同管理的必要性 ⋯⋯⋯⋯⋯⋯⋯⋯⋯⋯⋯ 108

（二）军民一体化装备维修保障合同的特点 ⋯⋯⋯⋯⋯ 108

（三）合同管理存在的主要问题 ⋯⋯⋯⋯⋯⋯⋯⋯⋯⋯ 109

（四）对策措施 ⋯⋯⋯⋯⋯⋯⋯⋯⋯⋯⋯⋯⋯⋯⋯⋯⋯ 110

四、军民一体化装备维修保障的风险管理 ⋯⋯⋯⋯⋯⋯⋯ 113

（一）军地保障力量的博弈分析 ⋯⋯⋯⋯⋯⋯⋯⋯⋯⋯ 113

（二）主要风险 ⋯⋯⋯⋯⋯⋯⋯⋯⋯⋯⋯⋯⋯⋯⋯⋯⋯ 117

（三）原因分析 ⋯⋯⋯⋯⋯⋯⋯⋯⋯⋯⋯⋯⋯⋯⋯⋯⋯ 120

（四）防控措施 ⋯⋯⋯⋯⋯⋯⋯⋯⋯⋯⋯⋯⋯⋯⋯⋯⋯ 121

第七章　军民一体化装备维修保障系统建设的思路与对策 ·········· 124

　　一、军民一体化装备维修保障的建设思路 ···················· 124
　　　　（一）指导思想 ·· 124
　　　　（二）基本原则 ·· 124
　　　　（三）建设目标 ·· 127
　　　　（四）建设步骤 ·· 127
　　　　（五）建设方法 ·· 128
　　二、军民一体化装备维修保障系统建设对策 ················ 129
　　　　（一）转变思想观念 ·· 129
　　　　（二）加强力量建设 ·· 131
　　　　（三）完善配套建设 ·· 133
　　　　（四）培育外部环境 ·· 134
　　　　（五）提高管理能力 ·· 134
　　三、正确处理几个重大关系 ································· 135
　　　　（一）正确处理军地维修保障主体的关系 ················ 135
　　　　（二）正确处理当前利益与长远利益的关系 ·············· 136
　　　　（三）正确处理平时与战时的关系 ······················ 136

第八章　总结与展望 ··· 138

　　一、主要工作 ··· 138
　　二、主要创新点 ··· 140
　　三、研究展望 ··· 141

参考文献 ··· 142
后　记 ··· 144

第一章 绪 论

一、研究背景及意义

（一）研究背景

任何重大理论问题的提出，都有其深刻的实践基础和一定的社会背景。有关军民一体化装备维修保障理论问题，自然也不例外。装备维修保障作为保持和恢复装备性能的实践活动，对于生成和提高部队的战斗力至关重要。采用什么样的保障模式，是决定保障能力和保障效益高低的关键因素。长期以来，我军装备维修保障积极探索军民结合的保障模式，有力地保证了部队作战和战备训练等任务的完成，积累了宝贵经验。随着新世纪新阶段我军使命任务的不断拓展和军事斗争准备的深入推进，大量高新技术武器装备陆续配发部队，对装备维修保障提出了新的更高的要求，迫切需要地方保障力量更多地参与军队装备维修保障工作。近年来，军队和地方有关单位和部门适应形势发展需要，陆续开展了军民一体化装备维修保障工作，收到了明显的成效。但由于受到管理体制、运行机制和配套建设等因素的制约，军地装备维修保障资源综合利用效益不高的问题还没有得到根本解决。为了适应社会主义市场经济体制和武器装备快速发展的客观要求，必须着眼全局、改革创新，在更大范围、更高层次、更深程度上利用地方资源进行装备维修保障，下大力推进军民一体化装备维修保障建设工作。

新的历史时期，党中央、中央军委将"军民一体化"作为一个重大战略问题进行推进，提出进一步研究和深化军民一体化装备维修保障，将军民一体化装备维修保障改革列入全军工作要点，要求加快推进军民一体化装备维修保障改革工作。

要完成中央军委赋予的这一重大改革任务，一方面要借鉴国外已有的经验、认真总结我国建国后尤其是改革开放以来实行军民一体化保障的实践经验；另一方面需要探索军民一体化保障的基本规律，科学指导我军的军民一体化保障改革实践。从当前的实际情况看，我们在总结美国等军事强国实行军民一体化保障经验、总结我军近年的军民一体化保障经验方面做了大量工作，而对于军民一体化保障基本规律的研究还尚属空白，这不仅使我们在借鉴国外经验时具有一定的盲目性,而且在总结我军经验时也缺乏一定的科学依据。正如我们研究美国实行合同商保障的做法较多,但对实行合同商保障所需要的经济体制、技术水平、动员体制、军队编成、相关法规制度却缺乏必要的研究,盲目照搬会带来严重后果。鉴于此,加强军民一体化装备维修保障的理论研究,已经成为推进我国军民一体化保障改革工作的当务之急。

(二) 研究意义

探索军民一体化装备维修保障基本规律,构建军民一体化维修保障理论框架,是一个关系我军武器装备维修保障改革的重大理论问题,是贯彻和落实党中央和中央军委关于军民一体化相关指示的重要前提,对于提高装备维修保障效益,加快装备保障能力生成模式转变具有重要的理论和现实意义。

1. 有利于构建军民一体化装备维修保障的理论体系

深入开展军民一体化装备维修保障理论研究,既是适应装备维修保障改革实践发展的客观需要,也是新形势下健全军民一体化装备维修保障理论体系的重要一环。当前,人们对军民一体化装备维修保障研究做了一些工作,取得了一些进展,但总体来说研究还处于起步阶段,往往就事论事多,深入研究少,且研究成果多散见于各著作和论文之中,还没有专题研究的系统成果。因此,深入研究军民一体化装备维修保障理论,有利于构建军民一体化装备维修保障的理论体系。

2. 有利于推动装备维修保障学和相关科学的发展

一件事物的理论意义,一方面是相对于自身的不同发展阶段的特殊作用;另一方面则是对他事物的意义,主要是通过对他事物的影响来表现的。加强军民一体化装备维修保障理论研究,有助于实现装备维修保障科学理论体系的革新与重构,从而使装备维修保障科学更有效地为当代与未来的维修实践服务。现有的维修保障理论体系,主要是以军队维修保障力量为研究对象。随着地方维修保障力量更多地参与装备维修保障,地方保障力量将成为装备维修保障系统新的要素。与之相对应,维修保障系统的结构、功能将发生深刻变化,原来以军队维修保障力量为主要研究对象的维修保障理论体系重塑为军民一体化的装备维修保障理论体系,推动装备维修保障学科的发展。

掌握军民一体化维修保障基本理论,对推动社会科学、思维科学等相关学科的进一步发展,也有着间接的影响与推动作用。这是因为,军民一体化装备维修保障总是在一定社会背景条件下发生和发展的,构成军民一体化装备维修保障的诸要素通过各种渠道与政治、经济、文化、科技等各方面有着千丝万缕的联系。社会政治、经济、文化、科技的变化与发展,影响着军民一体化装备维修保障的进程与方向;同样,军民一体化装备维修保障的变化与发展,又反过来对社会其他领域不断提出新的要求和产生某种反作用。军民一体化维修保障思想观念的革新与社会科学、思维科学之间,维修手段的变革与自然科学、工程技术之间,这种影响和推动作用就表现得比较明显。毫无疑问,这对军民一体化装备维修保障本质、规律的把握,对社会各种相关理论研究都可能产生一定的影响。

3. 有助于正确指导军民一体化装备维修保障改革实践活动

理论是实践的先导。推进军民一体化装备维修保障是中央军委做出的重要决策,是提高装备保障力的重要举措。从军民一体化维修保障改革实践看,虽然也取得了一定成绩,但由于对军民一体化装备维修保障的内涵外延、特点规律、预期效益和潜在风险等理论问题研究不深不透,改革缺乏理论的有力指导,致使改革进展缓慢。军民一体化装备维修保障理论的创新成果,对推进军民一体化装备维修保障改革至关重要。加强军民一体化装备维修保障理论研究,可以能动地为迎接与投入军民一体化装备维修保障改革,提供不可或缺的认识与思想支撑,增强改革的自觉性;加强军民一体化装备维修保障理论研究,能够从理论上帮助人们澄清对改革的模糊认识,为人们解决改革中遇到的深层次矛盾问题提供理论依据,增强改革的科学性;加强军民一体化装备维修保障理论研究,可以引导我们正确确定符合我军军情的军民一体化装备维修保障的方针、原则、规划和方案,增强改革的针对性。

二、基本概念

军民一体化装备维修保障作为具有确定含义的军事术语,出现的时间不是很长。迄今为止,对军民一体化装备维修保障的界定还没有一个科学、严谨和较权威的释义。当前,理论界对军民一体化装备维修保障的定义主要有以下三种观点:

第一种观点认为,军民一体化装备维修保障是指在市场经济条件下,通过改革军队现有的装备保障体系,建立起开放的、与现代社会化专业分工相适应的、能充分利用各种社会资源的、发挥社会军事保障功能的市场化维修保障体系。

第二种观点认为,军民一体化装备维修保障是指保障机构及其活动不断适应社会变迁的过程,包括三层含义:一是积极利用社会技术保障力量为军队服务;二是军队将具有非军事特征的部分维修保障职能移交给社会;三是军队保障系统与社会保障系统进行能量交换,处在有序协调良性的运行状态。

第三种观点认为,军民一体化装备维修保障是以部队作战训练需求为牵引、以军地保障力量和资源为依托、以现代信息技术为支撑、以合同管理为基础,采用先进的维修保障管理理念和手段,构建以军方自主保障为主,地方军工企业技术服务保障为辅,符合市场经济规律的军地一体、平战结合的装备全寿命维修保障模式。通过建立军民一体化指挥机构,对军地保障力量和保障资源实施集中统一指挥和综合协调管理,从而实时准确地获取、传递和处理作战训练需求与保障力量、保障资源信息,实现维修保障诸要素的高度融合,与作战训练保障目标的无缝链接。

上述关于军民一体化装备维修保障的三种观点,前两种观点本质上强调的都是把单纯的装备维修保障融入到社会化这一大环境中,只不过第一种观点更注重强调市场化运作方式,第二种观点则注重的是利用地方资源与军队现有维修保障资源相结合。第三种观点则主要强调军方在军民一体化装备维修保障中的主导地位。

我们认为,对于军民一体化装备维修保障来说,"军民一体化"可以看作是整个概念的外延。因此,应该从最基本的内涵入手,即对"装备维修保障""军民一体化"两个概念进行剖析,进而准确界定军民一体化装备维修保障的研究范围。

(一)军民一体化

在"军民一体化装备维修保障"概念体系中,"军民一体化"也是一个复合词,要逐一分解,搞清什么是"化""一体""一体化",直至"军民一体化",这对我们深刻认识军民一体化装备维修保障将有所启示。

1. "化"的含义

《现代汉语词典》对"化"的解释是:"后缀,加在名词或形容词之后构成动词,表示转变成某种性质或状态。"《辞海》对"化"的解释是:"表示转变成某种性质或状态。如绿化;现代化。"通常,"化"是指事物从原有状态走向新状态的过程或一种事物的普及程度。综上所述,我们认为"化"具有两个特点:一是"化"是一种程度或状态,只有这种程度或状态占据主要地位或被广泛应用之后才能称之为"化";二是"化"是事物从一种状态转换为另一种状态的过程,是不断变化的,而非固定不变的。

2. "一体"

"一体",从字面上理解,就是"一个整体"的意思。《辞海》对"一体"是这样解释的:"一体,就是比喻关系密切,如同一个整体。《仪礼·丧服》:'父子,一体也;夫妇,一体也;昆弟,一体也。'"这个解释至少包含了两层含义:一是能达到整体的效果,而不是一个整体,是由各个分离的个体组成的;二是说虽非整体,但个体之间联系紧密,犹如一个整体。

3. "一体化"

"一体化"是一个外来词汇,由英文单词"Integration"翻译而来,其原意是"整合、联成整体、集成、综合"的意思。美国国际问题专家卡尔·多伊奇给出了"一体化"的基本定义,"一体化通常意味着由部分组成整体,即将原来相互分离的单位转变为一个紧密系统的复合体"。他认为,"一体化"意味着新的复合体将产生出它们单独存在时所不具备的系统功能,同时也可用来描述原先相互分离的单位达到这种状态的过程,这就是著名的"1+1>2"观念的由来。另外,国内学者对"一体化"的定义主要有以下两种观点:一种认为"一体化"就是将分离的单元有机地综合集成在一起,形成紧密复合体,使之达到整体大于单元的状态;另一种观点则认为"一体化"是指构成事物的各部分之间的紧密联系,突出组成要素的结构性互补匹配和效能性协调耦合,强调资源的科学配置和整体通联。我们认为"一体化"是指原来相互分离的单元有机地综合集成在一起,转变为一紧密复合体的过程。新的复合体将产生出各单元单独存在时所不具备的系统功能。

4. 军与民

军民一体化装备维修保障中的"军"主要指军队建制内的装备维修保障力量,主要包括装备修理机构、仓储机构、科研机构、教学机构、企业化修理工厂、事业化修理机构等,如图1—1所示。其中,装备修理机构指军队建制内的修理连、修理营、技术保障大队等。装备仓储机构指器材供应站、后方仓库等。装备科研机构是指各军兵种、总部所属研究院所中心,如海军装备技术研究所、空军装备研究院等;教学科研机构是指总部、各军兵种所属承担保障任务的院校,如海军工程大学等;企业化修理工厂是由军队统一规划和投资兴建,实行企业化经营管理的装备修理工厂,如海军第4810厂;事业化修理机构是指是国家投资、军队管理,为军队装备维修保障提供服务的单位,是部队战斗力的重要组成部分,是现役装备保障力量的重要补充,如空军××航空四站装备修理厂。

"民"则是地方装备保障力量,指符合规定条件和要求,为装备保障提供产品或服务的单位或个人。按照与装备研制生产的关系分为装备承研承制单位和非承研承制单位两大类,如图1—2所示。非装备承研承制单位,指不承担装备研制生产任务,只参与装备保障的单位,按单位性质可分为国有企业、民营企业、个体企业、地方高校和其他社会力量。装备承研承制单位主要是指装备研制生产单位,如兵器工业集团、航天科技集团、航天科工集团、航空工业一集团、航空工业二集团、船舶工业集团、船舶重工集团、电子科技集团、电子信息产业集团、中国物理研究院等,它们是地方装备保障力量的主体。

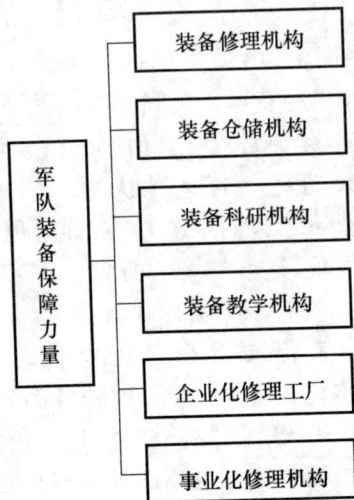

图 1-1 军队装备保障力量

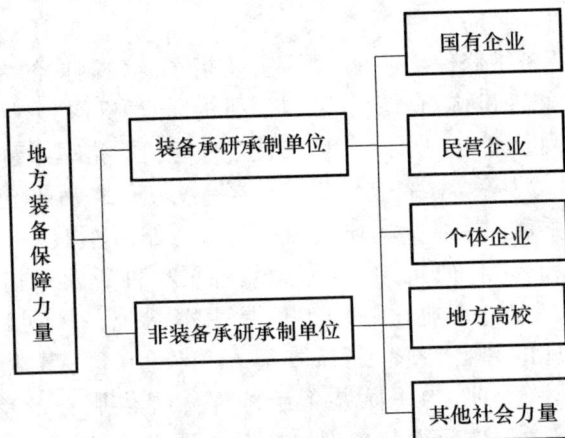

图 1-2 地方装备保障力量

5. 军民一体化

军民一体化,即将原来相互分离的军队维修保障系统和地方维修保障系统有机地综合集成在一起,转变为一个紧密复合体的过程。军民一体化,既是一种客观状态的描述,也是一种追求的理想目标和过程。作为一种状态或目标,是指军队维修保障主体和地方维修保障主体组成一个有机整体,共同参与保持、恢复和改善装备技术状态而采取各项保证性措施及相应活动,该复合体将具有军队维修保障系统和地方维修保障系统所不具备的功能。作为过程,则是指通过装

6

备保障体制改革、相应运行机制的建立和配套法规制度的完善，使军队内部的保障资源和地方的保障资源形成一个有机的整体，实现有效整合保障资源，不断提高装备保障的整体能力和效益的过程。

（二）装备维修保障

"装备维修保障"在"军民一体化装备维修保障"概念体系中处于基本内涵的地位。军民一体化装备维修保障的本质属性就由装备维修保障来确定。"装备维修保障"，人们习惯称为"装备技术保障"，在国外还称为"军事装备技术支援"、"军事装备器材维修"、"军事装备工程保障"等。对"装备维修保障"基本概念的理解，目前在国内大体有三种观点：一种是将"装备维修保障"界定为"采取的技术措施"。例如，1992 年出版的《军事大辞典》，对装备维修保障的释义是："为使军队装备性能完好所采取的技术措施"。1997 年出版的《中国军事百科全书》，对装备维修保障的释义是："为使军事装备性能完好所采取的技术措施"。1998 年出版的《军事辞海》，对装备维修保障的释义是："为保障军事装备完好所采取的技术措施"。虽然由"军队装备"改为"军事装备"，由"军事装备性能完好"改为"军事装备完好"，有所扩展，但都是将装备维修保障限定于对装备"采取的技术措施"。另一种是将"装备维修保障"界定为"各项保证性措施与进行的相应活动"。例如，1997 年版《军语》对装备维修保障界定为"为保持和恢复武器装备的良好技术状态而采取的各项保证性措施与进行的相应活动的统称"。2006 年版《中国军事百科全书军事装备保障学科分册》认为装备维修保障是，"为保持和恢复装备的良好技术状态而采取的各项保证性措施与进行的相应活动的统称"。以上两种提法界定的共同着眼点都只是"保持和恢复装备的良好技术状态"，而没有将"改善、提高装备性能"一并纳入基本概念范围。第三种是将"改善、提高装备性能"纳入基本概念范畴，并且更加突出了装备维修保障的军事目的。例如，赵承光主编的《军事装备技术保障学》将装备维修保障界定为"为保持、恢复军事装备完好技术状态和改善、提高军事装备性能，以便遂行作战、训练、执勤和其他任务而采取的技术性措施及组织实施的相应活动的统称"。国外对装备维修保障概念的界定比较有代表性的是《苏联军事百科全书》后勤条目选编（中国人民解放军总后勤部，1982 年版），其对装备维修保障的界定："为使军事技术装备保持随时可以起用的技术完好状态，而组织和实施的对军事技术装备的正确使用、保养和修理；军队战斗力行动保障的一种"。

对装备维修保障概念界定，还必须对装备维修保障实践进行本质的理性概括。从装备维修保障的对象来看，直接的或最终的保障对象是军事装备，离开军事装备就不可能有装备维修保障；从装备维修保障的基本职能来看，主要是保持、恢复军事装备完好技术状态和改善、提高军事装备的性能，以便遂行作战、训练、执勤和其他任务；从装备维修保障的内容来看，基本包括三个部分：第一部分是为了实现保障目的、履行保障职能而采取的各项技术性措施，主要包括对军事装备的维护修理、检查检测、技术使用、器材补充、可靠性增长、加装改装等技术性措施，以及相应的各种管理性措施。第二部分是针对遂行的各项任务和围绕装备维修保障的发展建设所组织和实施的相应活动。第三部分包括装备维修保障规划计划、法规建设、资源配套建设、人员培训、科学研究与改革、经费管理、数据管理及信息反馈等组织管理活动。

通过以上分析和概括，我们认为，装备维修保障的概念应当表述为："为保持、恢复军事装备完好技术状态和改善提高军事装备性能，而采取的各项保证性措施与进行的相应活动。"

对装备维修保障概念的理解，要着重把握好以下几点：

（1）装备维修保障不仅指保持和恢复装备完好技术状态，而且还包括改善和提高军事装备性能。这是因为：第一，装备维修保障承担着大量有关装备的加改装和可靠性增长工作，是直接改善和提高军事装备战术技术性能的重要措施；第二，由于装备维修保障技术的创新应用，以及保障手段和保障方式的不断改进，为军事装备性能改善提供了强有力的技术支撑，成为提高装备性能的重要条件；第三，随着全系统、全寿命装备保障理论的深入发展，装备维修保障实践中积累的丰富经验和大量信息资料，直接为新型装备论证研制阶段战术技术性能的改进设计，以及提高装备可靠性、维修性、保障性、测试性、安全性和经济性提供了可靠依据。

（2）装备维修保障不仅包括技术措施，而且还包括相应的勤务活动和管理活动。装备维修保障有许多工作不是对装备的直接维护保养和修理，而主要是针对装备遂行任务的一种勤务保障。如航空兵部队的机务保障，在机场一线的机务人员经常从事的大量工作，就是为飞机"充、填、加、挂"，即充冷气、氧气、氮气，填补炮弹、火箭弹，加添燃油、润滑油、酒精，挂卸炸弹、导弹、吊舱等。舰船、导弹、坦克、火炮等军事装备的勤务保障与操作使用更是融为一体，成为军事活动不可分割的部分。另外，装备维修保障还包括相应的管理活动。从实际工作来看，虽然为保持、恢复军事装备完好技术状态和改善、提高军事装备性能而采取的技术措施是装备维修保障的重要内容，但装备维修保障还有许多内容并不完全都是技术措施，还有与之相应的管理活动和组织措施。比如，规划计划、维修器材筹措与供应、设备建设、技术管理、专业培训以及维修改革等管理性活动。将装备维修保障的基本概念由"采取的技术措施"扩展为"采取的各项保证性措施与进行的相应活动"，不仅从内容上更全面、更准确地覆盖了装备维修保障的实践活动,而且从本质上更能凸显装备维修保障建设和发展问题,既包括保障资源、人才队伍、设施设备和法规制度等方面的建设,而且还有维修保障力量运用的问题,即维修保障力量的部署、调整,在战略、战役、战术各个层次的运用,平时和战时的运用,不同军兵种的运用以及在不同作战样式中的运用等。因此,这样的概念界定,不仅符合装备维修保障的实际,而且对指导装备维修保障的全面建设更有现实而积极的指导意义。

(3)本概念没有过多地强调"装备维修保障"的军事目的性,没有将"以便遂行作战、训练、执勤和其他任务"写入概念中,主要考虑到无论是保障作战、训练、执勤等军事任务,还是保障完成支援国家经济建设、抢险救灾等非军事任务,对装备维修保障要求没有明显区别,都是为了保持、恢复装备完好技术状态和改善、提高装备性能所采取的保证性措施和进行的相应活动。

(三)军民一体化装备维修保障

在明确了"军民一体化""装备维修保障"等概念的基础上,我们认为所谓军民一体化装备维修保障,是指为解决高新技术装备保障能力不足和保障效益不高等问题,将装备保障建设融入国防建设和国家社会经济发展的总体布局,军地装备维修保障力量综合集成为有机整体,在统一的规划指导下,统筹军地装备维修保障资源配置和力量建设与运用的保障模式。

理解军民一体化装备维修保障概念应重点把握以下几点。

(1)在军民一体化装备维修保障中,军队维修系统与地方维修系统联系非常紧密,以至于成为一体,即装备维修保障复合体。这种装备维修保障复合体将具有军队维修保障系统和地方维修保障系统所不具有的结构和功能。换句话说,理想状态的军民一体化装备维修保障的主体将不再是军队的维修保障力量,而是军民复合的维修保障力量。

(2)只有当军地维修保障复合体在装备维修保障中占有相当比重,才能称其为军民一体化装备维修保障。只是在局部、低层次、小范围内实施军民共同维修保障是不能称其为军民一体化装备维修保障的。

(3)军民一体化装备维修保障的着眼点是解决高新技术装备保障能力不足和保障效益不高等问题。也就是说,军民一体化装备维修保障的对象主要指军队尚未形成维修保障能力的高新技术装备,而不是军队已经形成维修保障能力的老旧装备,主要解决高新技术装备维修保障能力生成周期过长,生成能力代价过大等问题。

(4)军民一体化装备维修保障的实质是要打破军队"自我建设、自我保障"的维修能力封闭建设运行的模式,在国家层面将军队装备保障系统融入国防军工系统、国家社会经济发展的总体布局。

（5）军民一体化装备维修保障的主要手段是通过统一的规划计划，实现军地装备维修保障资源的统筹配置和维修保障力量的统筹建设与运用。即通过统筹军地装备维修保障规划计划，把军队和地方承担的装备保障任务都纳入全军装备维修保障规划计划统一考虑，进而实现军地装备维修保障资源配置的统筹和军地装备维修保障力量建设运用的统筹，把有限的装备保障资源投入到能够产生最大保障效益的地方，把军队保障力量和地方保障力量的建设布局、调配运用等统一考虑，避免重复建设和无序使用。

（6）军民一体化装备维修保障既是对军地维修保障系统结合状态的描述，也是一个不断发展变化的过程，其形式是多种多样的，其方向是军队维修保障系统与地方维修保障系统相互延伸、共同促进的"双向过程"。一方面，军队维修保障系统要允许地方装备保障力量从事装备维修保障；另一方面，地方装备承研承制单位也要"敞开大门"，将军队装备企事业修理机构作为装备生产的二级、三级配套厂，承担部分装备生产任务，为将来装备维修保障奠定人员、技术、器材基础。

（7）军民一体化装备维修保障不仅包括运用军地维修保障力量共同参与装备技术性活动和保障勤务，还包括军民一体化装备维修保障的建设和管理活动。

（四）相关概念辨析

1. 军民一体化装备维修保障与军民结合

"军民结合"从狭义上讲，指军工企事业单位要有开放生产军品和民品的两种本领；从广义上讲，指国防建设与经济建设相结合，国防科技工业的发展要与民用行业相结合。"军民结合"是20世纪50年代毛泽东、周恩来等老一辈无产阶级革命家提出的思想，要求在军工生产上注重军民两用，做到能军能民。近代科学技术发展的实践证明，军事装备的生产技术和民用产品的生产技术是可以相互转移的。从国民经济的全面发展着眼，国防科技工业与民用工业的发展也要相互协调匹配，这既说明了"军民结合"的必然性、可能性，又说明了"军民结合"的内容和范围。

军民一体化装备维修保障与军民结合都是站在国家战略发展的角度将军地双方的资源进行优化整合，达到资源整合的目的。但由于立足点不同，军民一体化装备维修保障中的"军民"与军民结合中的"军民"的内涵有所不同。军民一体化装备维修保障中的"军民"前文已经进行了阐述，"军"主要指军队维修保障力量，"民"主要指以装备研制生产企业为主体的地方维修保障力量，军民一体化主要指国防系统内部军队和军工系统之间的融合。而军民结合的"军"指国防建设，主要对象是以研制生产武器装备为主的国防军工企业，"民"指国民经济建设,主要对象是参加国民经济建设的地方企事业单位。军民结合是国防系统与国民经济之间的融合。可以说,军民一体化装备维修保障中的"民"在相当程度上指的是军民结合中的"军",如图 1-3 所示。

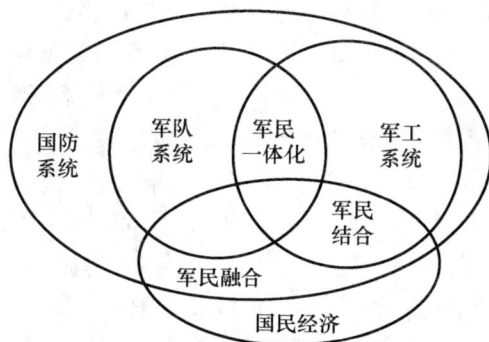

图 1-3 军民一体化装备维修保障与军民结合、军民融合关系图

2. 军民一体化装备维修保障与军民融合

"军民融合"是把国防工业基础同更大的民用科技与工业基础结合起来,组成统一的国家科技和工业基础的过程。也就是说,采用共同的技术、工艺、劳力、设备、材料和设施,满足国防和民用两种需求。"军民融合"具有丰富的内涵,包括发展军民两用技术;加强技术转移;实行国防部门采购商业市场上可获得的产品、技术和服务的策略;在国防采办全过程推进军民融合;在产业层次、企业层次、产业链分工层次、科研生产活动各层次环节推进军民融合。2005 年胡锦涛提出"军民融合"的战略思想,既是实现军民结合、寓军于民的具体途径和方法,也是军民结合、寓军于民向更高层次、更广范围和更深程度的发展。他是在继承三代领导核心思想基础上,将军民结合范围由国防科技工业领域拓展到国防建设的武器装备科研生产、军队人才培养和军队保障等各个方面,将军民结合的层次由依托军与民两方面的协商提升到国家发展战略层次,而且将军民结合的程度由军民两行业"板块式"对接深化到融为一体。其核心是使经济建设和国防建设融为一体,形成经济建设和国防建设协调发展的科学机制,使国防建设真正成为国家总体建设的有机组成部分,在国防领域里实现民用效应的最大化和在经济社会发展领域里实现国防效应的最大化,从而达到一种资源产生两种效益的"兼容式发展"、"双赢式发展"。

应该讲,军民一体化装备维修保障贯彻了"军民融合"的思想,其本质核心是融合,根本目的是富国强军,基本方法是统筹兼顾。但是,军民一体化装备维修保障与军民融合的实践重点不尽相同,军民融合的实践重点是加快建立和完善军民结合和寓军于民的武器装备科研生产体系、军队人才培养体系和军队保障体系,是充分利用经济社会发展成果推进国防和军队现代化建设,是经济建设和国防建设全方位的融合。而军民一体化装备维修保障更强调国防系统内部军队维修系统与军工系统之间在装备维修保障领域的融合,如图 1-3 所示。

3. 军民一体化装备维修保障与装备维修保障社会化

从保障对象范围看,军民一体化装备维修保障与装备维修保障社会化是包含与被包含的关系。军民一体化装备维修保障是属概念,装备维修保障社会化是子概念,装备维修保障社会化从属于军民一体化装备维修保障,如图 1-4 所示。维修保障社会化强调军队系统与国民经济系统之间的融合。军民一体化装备维修保障更强调军队系统与国防军工系统之间的融合。装备维修保障社会化是将部分军民通用性强、保密要求不高的部分装备的维修保障任务交由社会力量完成,如部分运输车辆、工程装备、通信装备、网控装备等。通常从事社会化保障的维修主体较多,其采取的方式以商业竞争性保障为主。由于武器装备的特殊性,交由社会力量修理的装备,在整个武器装备体系中只占一小部分。其他军地通用性差、技术含量高、对维修保障资质和保密要求高的装备修理,则主要由军队建制力量和装备承研承制单位共同完成,这便是军民一体化装备维修保障强调的重点。当然,军民一体化装备维修保障不排斥装备维修社会化。

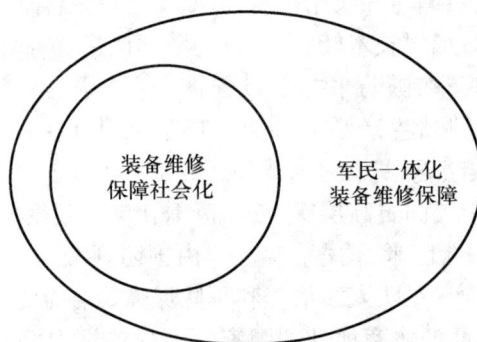

图 1-4　军民一体化装备维修保障与装备维修保障社会化关系图

4. 军民一体化装备维修保障与装备合同商保障

装备合同商保障是指为增强装备保障能力,满足遂行各项任务需要,由装备承研承制单位等装备合同商承担的装备维修保障。军民一体化装备维修保障与合同商保障二者的着眼点都是利用社会资源为军队服务。但合同商保障主要是指装备合同商所承担的那部分装备保障;军民一体化装备维修保障则从军民融合角度强调军队维修保障力量与地方的维修保障力量相互融合,它既包括装备合同商保障,还包括军地分阶段保障、商业竞争性保障等多种模式。所以,从二者的关系来讲,二者是包含与被包含的关系,如图 1-5 所示。

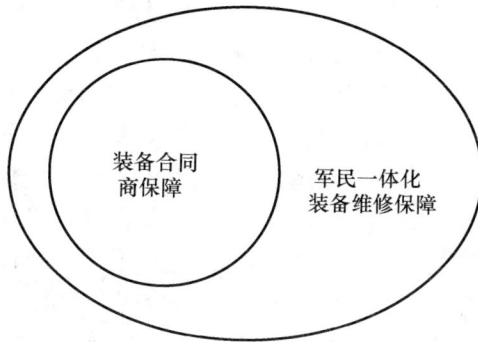

图 1 – 5　军民一体化装备维修保障与装备合同商保障关系图

5. 军民一体化装备维修保障与装备售后服务

军民一体化装备维修保障与装备售后服务二者既各有侧重,又紧密联系。二者的目的都是要尽快形成和保持装备保障能力,满足部队战备训练需要;从实现形式上都通过签订装备合同来实现。但装备售后服务是装备采购工作的延续,通常由装备采购合同约定,重点解决装备质保期内的技术支持和服务保障问题,售后服务全权由装备承研承制单位负责;军民一体化装备维修保障是由装备维修保障合同来约定,其核心是解决装备质保期外的维修保障问题,通常以军队为主导,以军队建制维修保障力量为主体,地方装备维修保障力量作为技术支撑与能力补充来共同完成。

6. 军民一体化装备维修保障与装备动员

装备动员是国家(或政治集团)行政机关有关部门在武装力量装备部门协同下,为满足战争或应付其他重大事件对装备保障迅速增大的需求,在由平时状态转入战时或应急状态的过程中,依法对国家和社会装备保障资源进行统一调配与运用的活动,以及为此在平时状态下所进行的相应准备活动的统称。装备保障动员的运用时机为由平时状态转入战时状态,军民一体化装备维修保障的运用时机不仅包含战时,而且包含平时;装备保障动员的对象为所有可能为装备保障所用的社会人力、物力资源等,军民一体化装备维修保障涉及的地方装备保障力量主要是与装备保障有稳定关系的地方武器装备研制单位、装备保障企业、院校、研究所及其他组织;装备动员的依据是相关的动员法律,是强制性的法律义务,对于被动员对象可以有经济补偿,也可以有其他非经济补偿,甚至是没有补偿,军民一体化装备维修保障主要通过装备保障合同实现,必须有经济报酬或其他形式的补偿。

7. 军民一体化装备维修保障与装备综合保障

国军标 GJB3872《装备综合保障通用要求》对"装备综合保障"的界定:在装

备的寿命周期内,为满足系统战备完好性要求,降低寿命周期费用,综合考虑装备的保障问题,确定保障性要求,进行保障性设计,规划并研制保障资源,及时提供装备所需保障资源的一系列管理和技术活动。装备综合保障与军民一体化装备维修保障的主体都来自两方面的力量:军队装备保障力量和装备研制生产厂家专业保障队伍;两者的精髓都是追求装备保障的经济性和有效性,最终目的都是提高装备的维修保障能力。但双方的核心思想、本质以及实现的途径不同。装备综合保障侧重解决"好保障"的问题,其核心思想是将保障前伸到装备设计和研制之中,将与装备保障有关的所有问题综合起来考虑并进行管理,而不是单个分散地考虑,它通过装备的全系统全寿命保障实现。军民一体化装备维修保障侧重在装备使用阶段解决"保障好"的问题,其核心思想就是站在国家战略发展的角度将军地双方的装备维修保障资源进行统筹优化,进而提高维修保障效能。

三、国内外研究现状及评述

有关军民一体化研究的成果大体上可分为三个层次:一是直接对军民一体化维修保障理论的研究;二是关于后勤保障社会化理论的研究;三是关于军民融合或国防建设与经济建设协调发展的理论研究。三种研究虽然与本书的研究联系密切程度不同,但都对我们深入研究军民一体化维修保障理论具有重要意义。尤其是看上去距离军民一体化维修保障较远的后勤和国防建设与经济建设研究,更能使我们在更高层次上观察军民一体化维修保障,为揭示军民一体化维修保障过程中的各种复杂联系提供理论方法。

(一) 国内研究现状

当前国内关于军民一体化装备维修保障正日益成为研究的热点,并取得了一些研究成果,对本书编写提供了许多有益的启示。关于军民一体化装备维修保障的探讨主要内容如下。

(1) 军民一体化装备维修保障历史必然性分析。当前,对推行军民一体化装备维修保障的必要性论证比较充分,主要观点有:一是建立资源节约型社会的必然要求;二是适应高技术装备快速发展的客观要求;三是适应"两场"不断发展的客观需要;四是实现对装备全寿命管理的一个主要环节;五是世界主要军事强国的一种通行做法。

(2) 军民一体化装备维修保障的体制机制。徐起对军民兼容后勤保障体系提出了总体构想,并对平时和战时效益进行了尝试性研究。于川信等全面研究了军民融合发展的理论渊源、科学内涵、地位作用,提出建立军民融合式武器装备科研生产体系、军队人才培养体系、军队保障体系和国防动员体系。陆凡、谢晴对战时合同商保障的有关概念、背景及意义、体制构建、力量筹组、组织实施、建设思路与对策进行了较为全面的研究和论述。曾昭兴等比较了军事通信与民用通信的异同,分析了两者结合建设的必要性和可行性,提出了两者结合建设的方式和机制。

（3）军民一体化装备维修保障的运行。阮汝祥提出了促进军民融合的九大机制框架,设计了机制评价的基本方法和主要指标体系。李环林主要在工作层面概括了军民融合装备保障的运行机制。

（4）推行军民一体化装备维修保障中存在的问题。郭世贞认为存在着缺乏统一领导机构和管理体系、运行机制不健全、相关配套法规制度不完善等突出问题;张荣则从军队维修系统与地方维修系统相结合的角度,指出目前维修一体化存在保障体制、市场开发程度、信息传递渠道等障碍;于海明则认为海军装备军民一体化保障实践中存在的战时需求矛盾问题、修理质量问题、修理价格问题、选择承修单位问题。裴国利从外军战时运用承包商保障的经验教训指出,存在装备保障过于依赖承包商和战场指挥控制等问题。

（5）军民一体化装备维修保障建设的对策措施。郭世贞提出了建立统一的领导机构和管理体系;健全相关机制;建立健全相关的法规制度的对策建议。张荣提出从深化管理体制改革、开放市场、畅通信息渠道三方面入手推动维修一体化建设。裴国利从建设规划角度提出要注重顶层设计、实施系列调整、实施过程控制。李长江则从工作层面提出了七条措施,如分清军地保障界面、形成军地双方协商机制等。甘茂治则从法律建设角度,提出建设军民一体化维修保障体系,必须依靠国家法律保证。制定的相关法律,要既能促进合同维修保障的发展,又能保护国家和军队利益,特别是建制维修保障力量的利益。于海明指出装备军民一体化保障要处理好军内保障与军外保障、军内研仿与军外参修、平时保障与战时保障、横向保障与纵向保障的关系,并有针对性地确立了四项原则。李源从"外包"视角看待军民一体化装备保障问题,阐述了基于"外包"策略的军事装备保障基本理论,分析了实施基于"外包"策略的军事装备保障的必要性,对其实施的对策进行了探讨。屈放军对实施军民一体化维修保障提出了几点建议,如建立专门机构和法规;装备研制生产走军地结合、军民兼容的道路;利用地方力量,培养装备保障人才;有效运用地方先进管理方法等。李伟指出,外军比较重视装备维修社会化,其主要特点是:加强理论研究;完善配套措施;强调利益驱动;实现制度保障;提升民力维修层次,实施全寿命保障。郭祥雷认为军民融合的装备保障体系建设主要包括保障环境建设与保障内容建设两方面,在推进军民融合过程中应注意明确界定责、权、利和保障标准,实施有效的合同激励。

（6）关于"民进军"问题。杜人淮对"国有经济主导论"、民营企业进入国防产业"威胁安全论"、"无能为力论"进行了批驳,也从反面论证了"民进军"的必然性。同时,他指出"民进军"的主要障碍有:获利少"不愿进"、风险大"不敢进"、门槛高"难进入"、管制严"进不了"。毛红燕考虑到民营企业进入国防工业领域后如何监管的问题,指出民营企业者可能利用自身拥有的信息优势,采取隐藏行为或隐藏信息的做法,改变签订合同约定的行为模式,从中获取更大利益,从而产生道德风险和寻租行为。为此,必须建立有效的激励和约束机制。

（二）国外研究现状

西方国家的学者十分关注军民一体化理论问题,美国国防科技工业的实力至今仍占据全球的霸主地位,在很大程度上得益于冷战结束以来所实施的军民一体化战略。在美国几乎主要军工企业都是私营企业,其研究多集中在私人企业投资军工的效率和"军民一体化"的制度安排方面。

（1）合同商保障的研究。美军就由谁完成基地级维修方面展开了一场深入的讨论,出现了两种完全对立的观点:一种是将包括基地级维修在内的国防部业务尽可能地利用合同商来完成;一种则主张更多地由建制单位来完成基地级维修工作。在实际维修中,美军采取的做法是积极利用合同商的保障力量,提高保障的效率,但同时又通过政策与法规对军队建制单位提供保护,维持军方一定的基地级维修能力,要求在基地级维修中地方力量所完成任务的工时总额不得超过50%。关于合同商保障的运用,美军将合同商区分为战区保障合同商、外部保障合同商和系统合同商三种类型。合同商保障模式可分为就地私有化模式、外包模式、公私混合模式,各种模式均有利弊。合同商与军方基地合作是一个互惠互利的双赢行动,但在实践中美陆军和空军对此看法不一,各军种参与合作程度差别很大。

（2）国防工业的军民结合。美国国防工业和武器采办管理研究领域专家雅克·甘斯勒主张建立军民一体化的工业基础。他认为为使市场力量能在国防工业中发挥更大的作用,许多进出壁垒必须大大减少或取消,主张打破军内科研生产机构的资金垄断,更多地利用民用技术和企业发展武器装备。哥伦比亚大学的弗兰克·R·利希滕贝尔(F. R. Lichtenberg)对由政府采办引发的私人研究与开发投资进行了研究,估算出政府竞争性采办合同对私人研究与开发投资增加的影响程度。Sadok Z. Hougui 等分析了国防工业转轨时,一些小型企业的风险及其行为。Srael Azulay 等强调了军转民过程中企业家精神的作用。Barry Nalebuff 和 Joseph Stiglitz 详细研究政府采购"竞赛"过程，及其在竞争补偿计划中，每个人的报酬或补偿由其在竞争者中的名次所决定，而不是由其成绩所决定等。或许是认为理所当然的缘故，美国学者没有针对这些制度设置的环境因素及其成功实施的制度保证加以说明。

（3）后勤保障的军民结合。近几年来，外军为适应军事转型而不断革新后勤保障理论。美军继《2010 联合构想》提出"聚焦后勤"理论之后，又在《2020 联合构想》中对这一理论做了进一步的补充完善。伊拉克战争之后，又完整地提出了基于信息条件下的"感知与反应后勤"理论。社会化保障理论作为后勤保障理论的一个重要组成部分，必然受到其变化的影响。美陆军最先提出了"利用民力增补后勤计划"思想。由于该思想在历次军事行动的后勤保障中取得了巨大成功，美军又制定了海军的"建设能力合同计划"和空军的"合同增补计划"。这三个计划是美军目前利用社会力量进行后勤保障的主要模式。近几年来，美军又提出了"后勤保障非军供"的思想，强调最大限度地利用民用技术和现成民品，通过物资器材的标准化和通用化来减少专用物资种类，扩大军民通用物资范围。德军提出了后勤保障"经济效益"观点，英军提出了"租用"思想，俄军提出后勤保障系统"非军事化"思想，都对我军有所借鉴。

（三）研究现状评述

近年来，国内外关于军民一体化装备维修保障的具体情况研究取得了不少成果，为本书的研究提供了较好的基础，但由于军民一体化装备维修保障研究刚刚起步，普遍存在着研究深度不足、缺乏理论性和系统性等问题，具体存在如下"三多三少"的问题。

（1）对"为什么要推行军民一体化"研究的比较多，而对"怎样推行"军民一体化装备维修保障研究的比较少。对推行军民一体化装备维修保障改革的意义、必要性等问题研究的比较多，而对如何推行改革研究的比较少，先改什么、后改什么的研究几乎没有相关资料。

（2）对军民一体化装备维修保障某个问题或某方面研究的多，全面系统研究的少，其主要表现就是关于军民一体化维修保障的期刊论文多，专著少。仅有的几本专著主要研究国防军工系统与国民经济系统之间结合或军队后勤系统、通信系统与国民经济系统的融合，而不是研究军队装备维修系统与国防军工系统之间的融合。

（3）在实践层面研究的多，理论层面研究的少。主要围绕军民一体化装备维修保障工作层面，就具体问题，就事论事研究的多，而将其升华为深刻理论研究的少。尤其是对特点规律的研究，尚未形成实用管用的军民一体化装备维修保障理论。由于基本理论研究的滞后，对实践中有些难题或一些模糊认识，一时还难以破解。

四、研究方法

科学的方法是理论思维的工具和手段，如同所有的科学研究一样，确定科学的研究方法对军民一体化装备维修保障理论研究至关重要。军民一体化装备维修保障理论研究从根本上说是军事科学研究的范畴，必须按照军事科学的专门方法来研究。但由于这项研究涉及军事装备学、国防动员学、国防经济学、军事战略学等多种学科领域，因此，其研究方法既要运用唯物辩证法的哲学方法，也要运用介于哲学方法和专门方法之间的一般方法，即系统分析方法、历史与逻辑相统一的方法、反思与预见相结合的方法等。

（一）系统分析方法

军民一体化装备维修保障是由不同要素构成的复杂系统。同时，军民一体化装备维修保障又是更高层次系统的分系统，与政治、经济、科技、文化等外部环境之间有着密切的联系，受外部环境的制约。军民一体化装备维修保障自身结构和外部环境的改变，都将对该系统产生不同程度的影响。为全面探索军民一体化装备维修保障系统的规律，必须采用系统分析的方法，将军民一体化装备维修保障视为系统的整体，将其要素、结构、功能、环境、演化等进行综合考察，揭示其性质、机制与规律。

（二）矛盾分析方法

在军民一体化装备维修保障中，军队维修保障主体与地方维修保障主体是矛盾的对立统一体，两者如何融合，融合到何种程度，需要运用矛盾分析方法进行揭示。矛盾分析法是从事物的本质属性出发，对研究对象的矛盾运动规律进行考察和分析，要求在研究问题时要尊重事物自身发展和运动的规律，坚持用全面和对立统一的观点去分析事物，要从对立中把握军地维修保障主体之间相互排斥、相互对立的性质，从统一中去把握两者之间相互依存、相互补充的关系。

（三）历史与逻辑相统一的方法

运用历史的方法研究军民一体化装备维修保障理论，就是要根据军民一体化装备维修保障发生与发展的自然过程，来揭示军民一体化装备维修保障的本质与规律。运用逻辑的方法研究军民一体化装备维修保障基本理论,则是要通过概念、判断、推理、假说等思维形式,运用分析和综合、抽象和概况、比较和类比、归纳和演绎等逻辑手段,从规律性和必然联系的角度来揭示军民一体化装备维修保障的本质与规律,从而排除一切偶然的、非本质的、非典型的因素。本书坚持历史与逻辑相结合的方法在全面、充分掌握军民一体化装备维修保障事实材料的基础上,通过逻辑的思维来揭示其内在的、必然的联系,对军民一体化装备维修保障的本质与规律问题得出科学的结论。

第二章 军民一体化装备维修的历史演化

军民一体化装备维修保障是伴随战争和军事装备的产生和发展而不断演化的。根据武器装备发展的历史,军和民在装备维修实践中的地位和作用及其相互关系也先后呈现出三个重要发展阶段:原始的军民一体化阶段、军与民的相对分离及军队自身维修能力的发展阶段、军与民的重新结合阶段。认真研究各个历史时期装备维修过程中军民关系的具体特征,对于深刻认识军民一体化装备维修保障的本质,揭示维修过程中军队和地方相互关系变化的基本规律,推进当前我国军民一体化维修保障改革实践具有重要的启示意义。

一、原始的军民一体化

在古代,世界各国普遍实行的是耕战统一的兵制,也称"兵农合一制"。兵农合一,也就是寓兵于农。这一制度使国防建设与生产建设相结合,既可富国强兵,又解决了战时庞大的军费开支,是古代一种行之有效的国防战略。从历史上看,最早实行这一政策的是古巴比伦王国的汉谟拉比国王。他所统治的时代,是古巴比伦的最强盛时代。从他晚年所制定的法典来看,当时的普通士兵被固定在他们从国王那里所领到的一块土地上,平时为农,战时应招当兵。

在古代中国的军事思想中,耕战合一或兵农合一的思想非常浓厚。"寓兵于农,兵农合一"是既不影响民力,又能节省养兵之费的两全之策。在该思想的指导下,从姜太公到管仲、商鞅,无不赞赏并推行耕战合一的政策,主张"战攻守御之具,尽在于人事",平时的武器装备建设要同农用的器具修造相结合。据记载,早在商周时期,吕尚就提出了"生战一致"的观点,"战攻守御之具,尽在于人事。耒耜者,其行马蒺藜也;马牛车舆者,其营垒蔽橹也;锄耰之具,其矛戟也;蓑薛簦笠者,其甲胄干盾也;钁锸斧锯杵臼,其攻城器也;牛马,所以转输粮用也;鸡犬,其伺候也;妇人织纴,其旌旗也,丈夫平壤,其攻城也;……故用兵之具,尽在于人事。善为国者,取于人事。""缮农具当器械,耕农当攻战,推引铫耨以当剑戟,被蓑以当铠襦,菹笠以当盾橹。故耕器具则战器备,农事习则功化功矣。"即用于生产生活的农具与战具一致,战争中的攻守器具,存在于庶民生产生活之中。所以,只要把修缮农具当作整理武器装备,把农事耕作当作进攻作战,农具具备了,作战的武器装备也就具备了。《孙子兵法》计篇中讲:"道者,令民与上同意也。"经济建设和国防建设协调发展的"道"的根本内涵,就是要围绕富国强军的目标,探索出一条两者协调发展、良性互动的道路。《孙子兵法》明确提出"取用于民"。《尉缭子·兵谈》第二篇提出了建军要"寓军于农",强调"甲不出囊而威制天下",把军事力量蕴藏于民众之中。到了春秋战国,商鞅提出"胜敌而草不荒"的主张,用以实现"出战而强,入休而富"的农战目标,从而使秦国走上兵农合一的富强之路,奠定了一统天下的物质基础。北宋李觏主张"屯田之法、屯军之耕、乡军之法",实现兵农合一。"实行屯田法,可以使边郡之民,安其居,故其田,兵其业……这样不患无人劳作,农时投之耒耜,教之稼穑,不误农时,奖勤罚懒,以集农功,又编之什伍,任命武官,赋予兵器,农暇之时,教之兵法,习之战斗,兴之武事。如此,则可使食既足,兵既练,禁旅未动而屯军固已锐矣。以红腐之积,济虎貔之师,利则进战,否则坚守,国不知耗,民不知劳,而边将高枕矣。"

在欧洲,从历史记载看,古罗马和日耳曼诸王国中同样坚持了这种政策。在古罗马,早期的塞维·图里乌改革中,他实行了居民等级制和兵民合一制。他把罗马居民按其财产分为五个等级,并规定各自出兵的数量和装备的轻重。第一等级,拥有相当10万阿司(是大约出现于公元前4世纪的罗马货币单位,1阿司约重0.3359千克纯铜)财产,出重装步兵80个百人团,另外出18个骑兵百人团;第二等级,拥有相当7.5万阿司财产,出次重兵22个百人团;第三等级,拥有相当5万阿司财产,出轻装步兵20个百人团;第四等级,拥有相当2.5万阿司财产,出轻装步兵22个百人团;第五等级,拥有相当1.1万阿司财产,出轻装步兵30个百人团;此外,无产者不列等级,只出1个百人团。共计193个百人团。在此基础上,改革又规定了罗马公民的从军制度,规定从17岁至45岁的公民须在野战军中服役;年达46岁至60岁的公民,战时担负守卫后方的任务。他们自备武器,战后解甲归田。对于自备武器的品种规定:第一等级中最富裕的公民组成骑兵,配备有全套骑兵武装。第一等级中的重装步兵配备有矛和剑作为进攻武器;防护武器和衣甲有头盔、圆盾、胫甲和胸铠,皆由铜或皮制。第二等级为次重装步兵,武器与第一等级相似,但无胸铠和铜制盾牌,只有长圆形木盾。第三等级为次重装步兵,其装备与第二等级相同,但无胫甲。第四、第五等级均为轻装步兵,前者只有一支矛,而后者只带投石器或弓箭。

在日耳曼诸王国也是如此。公元803年至813年间,查理大帝为了加强军事装备的筹集和管理,先后颁布了五个与装备有关的庄园敕令,其中包含了有关军事装备的若干规定。在服骑兵兵役和负担装备的财产标准中规定:"凡占有恩赐地者,都应当从军。"其具体标准是,"凡占有土地至5曼索斯的自由人都应从军;凡占有 4 曼索斯土地的自由人也应当从军;凡占有 3 曼索斯土地的人也应当从军。若有两个占有 2 曼索斯土地的人,其中 1 个应从军,另一个应装备这个从军的人。若有两人,一个人占有土地 2 曼索斯,一个占有土地 1 曼索斯,亦应一人从军,另一人装备从军的人。如有 3 个人,各占有土地 1 曼索斯,两个人装备第三人,使他便于从军。凡占半曼索斯土地的人,应 5 人装备 1 人,使第 6 人得以从军。"在从军者应自备的装备方面规定:从军者"每人应有 1 长矛、1 盾、1 把弓、2 支弦、12 支箭……他们必须有胸甲或头盔。"由当地伯爵亲自检查从军者的装备,按规定日期到达指定地点集合,并向皇帝呈报装备情况。"如有甲胄而上阵不带的,当没收他的全部采邑和他的甲胄。"

兵器制造的军民一体决定了装备维修的军民一体。恩格斯指出:在整个征服西罗马的过程中,就其各方面来看,"中世纪是从粗野的原始状态发展而来的",军事装备也不例外。由于自给自足的经济体制的限制,最初既没有专门设立的军队装备机构,也没有建立相应的国家国防工业。军队装备的筹供,主要依靠服兵役的自由农民和小规模的自然经济家庭来解决。由此决定,当武器装备在作战中发生损毁时,往往由参加作战的自由农民等在战争间隙自行修理,修理的标准和时间都没有严格的规定,一般要求在下一次战争发生时参战人员应携带合格的武器装备。这既是参战人员自身安全的需要,也是保持和提高军队作战能力的必然要求。

二、军与民的相对分离及军队自身维修能力的发展

在远古时代,人们利用投、磨、压、切等技术手段和方法,制造出大量狩猎、农耕和捕鱼等工具。这些工具虽然偶尔也作为部落之间互相厮杀的武器使用,但本质上仍然是生产工具。因为其一,它的制造目的不是为了战争;其二,它的主要价值也不是在战争中体现。而且设计制造者考虑最多的是利于生产,而不是便于作战。所以在这个阶段,作战人员手中的武器还只是作为民用生产技术而存在。

军队产生以后,使服役的一部分人完全脱离了生产实践,他们运用手中的武器,直接对其他民族和国家进行掠夺性进攻,或对本民族、国家起义进行讨伐,从而使军事活动日益频繁起来,成了经常发生的事情。这就标志着战争(或军事)实践已经从生产实践中分化出来,成为一种独立的社会实践活动。战争实践的最大特点在于它是一种强烈的暴力行为,是一种瞬时的生死搏斗,每时每刻都充满着危险。这种残酷的作战环境,必然要求比生产工具更强有力的特殊工具,以便更有效地保存自己,消灭敌人。

应当看到,战争实践也是社会实践的一种形式,它所要求的军事装备,作为人类使用工具的一个方面,有着同一般生产工具的共同特性。例如无论是生产工具还是军事装备,都是人对自然界有目的的变革,最终成果都是以物质形态存在,都是把科学理论物化或对象化的过程,都是人的各种自然器官的延长,等等。

但是,由于二者使用的条件不同(一个是战争条件下,一个是和平条件下),使用的目的不同(一个为创造财富,一个则是为了毁伤战场上各种目标),再加上战争实践的固有特点,决定战争对军事装备的要求又有明显的特殊性。从现在的观点来看,至少包括以下几方面:一是杀伤力。作为一个完整的武器系统,它本身必须对作战目标具有一定的毁伤能力。二是生存能力。生存能力是人员或武器装备的又一重要特性。它要求己方武器装备能抵抗或避开有害的军事行动或自然现象的影响,保证其能力在正常情况下和特殊情况下不会遭受大的损失,能够连续而有效地完成规定任务。三是可靠性、可维修性和保障性。就实际情况看,对于这"三性"要求的提出是一个较晚的过程,但其重要性也是逐步显示出来。四是机动性。机动性是军队在保持完成某项基本任务能力的前提下,从一个地方运动到另一个地方的能力。从本质上来说,机动动作是机动性在作战中的运用,即调动人员及其火力装备,把战斗力用在决定性的时刻和地点,完成作战任务。

以上这些,只是战争实践对军事装备性能的基本要求,而这些基本要求已足以证明军事装备区别于一般生产工具性能的本质所在。在这种情况下,历史上那种只是利用生产工具充当军事装备,已远远不能满足战争的需要。军事装备同民用生产工具的分离也就不可避免的了。

军事装备的产生,在中国至少可以追溯到夏朝。1953 年—1959 年间,我国考古工作者在传说中的夏代都城阳城附近的河南省偃师县二里头一带,发掘出大批青铜器。经鉴定,这批铜器的制作时间大约距今 3500 年左右。其中就有青铜镞、青铜戈、青铜钺等多种兵器。

军事装备发展史上,有两个重要事件,第一是开始了专门军事技术的设计制造,第二是军事技术工厂和企业的独立。如果说第一个事件标志着军事装备的产生和独立,还只是民用技术工厂(作坊)的副产品或兼营商品,而第二个事件则标志着军事装备与民用技术的真正分离,已经出现了专门以生产军事装备为目的的工厂和企业。据考证,北宋朝廷为了进行统一战争和边防御寇的需要,即于开宝八年(975 年)建立了以东京汴梁为中心,并遍布全国各州的庞大兵器制造业系统。据《宋史·兵十一》记载,北宋初就在汴梁设立了造兵工署,其下"有南北作坊,弓弩院,诸州皆有作院,皆阅工徒而限其常课"。当时南北两个作坊和弓弩院,集中了数千名工匠。其中弓弩院有造兵工匠 1024 人,弓弩造箭院有造兵工匠 1071 人。这些兵器制造工匠,有相当一部分是来自厢军和原来工艺水平较高的士卒,并称为军匠或兵匠,终身为兵器制造服务。如果军匠的数量不足,就招收兵匠加以补充。

但是,军事装备专制工厂和企业的真正独立及全面发展是同资本主义制度的建立和发展相联系的。在资本主义制度条件下,由于资本主义社会的发展和军事上的需要,军事装备已经成为一种特殊的商品,军工生产成为资本家取得暴利最大的热门行业,因此出现了以生产军事装备为直接目的的工厂。虽然军事装备的出现是很早以前的事,但是军事装备与民用技术的分离,特别是军事装备自身的全面发展,却是近代的事情。装备维修与民用设备维修的分离大体上也开始于这一时期。

从整个社会背景来看,还有两点也应引起特别注意。

(1)战争本身的变化。自从火器被大量应用于作战以后,战争就开始呈现一些新的特点:如实施大兵团作战;消灭战场上敌人的主力兵团为主要军事目的;交战双方均寻求以强大的火力打击对方;利用各种机械化装备实施大规模机动作战;交战时间长、战争范围广阔等,从而极度强化了军队伴随保障的能力。

(2)由于战争需要的频繁和迫切性,使得军事技术远远走在了民用技术的前面,使得利用民间力量对装备进行维修十分困难。这客观上决定了军事装备维修只能依靠军队自身的力量,从而极大地刺激了军队自身维修力量的发展。

在近代,从总体上看,装备的机械损坏率较低,尤其是炮火的威力尚未达到完全摧毁火炮的程度,一门火炮可以用到整个会战结束。所以对维修工作并不十分重视。但军队自身的装备维修已经建立起来,主要表现在以下几方面:一是建立修理机构。1846 年—1848 年墨西哥战争期间,美国海军的后勤机构就编有修理机构。1842 年美军成立了在海军部领导下的造船厂和船坞管理局;设计、装备、修理局;军需局;军械和水道测量局;医疗卫生局。二是在战场建设过程中注重修理基地建设。在第一次世界大战期间,德国海军在波罗的海拥有基尔、但泽等基地,这些基地都储存了充足的修理器材;俄罗斯海军在黑海地区建立了后方修理基地。三是明确职责。在第一次世界大战期间,美国陆军部在 1918 年 4 月 1 日发布的通令中明确,建立机动车辆运输勤务,承担除履带牵引车外所有机动车辆的采购、保养、维修、储存等任务。4 个月后,又建立了摩托运输部队,其职责是:机动车辆之技术管理;机动车辆及其备用件的设计、生产、采购、保管与更换;车库、停车场、仓库、维修工厂的建立与管理;摩托运输部队人员的获得与技术训练等。可见,职责已经很明确了。

第二次世界大战期间,军队的维修又有了新的发展。但总体上看,对维修重视不够。在北非战场上,德国、意大利军队由于没有实行严格的保养制度,坦克发动机的寿命由 1400～1600 英里①,减少到 300～900 英里,特别是汽车发动机经常因过热而停车。战场抢修能力有限,致使坦克损失严重。到战役后期,德意战场上的坦克和英军是 1:11,这是德意军队失败的一个重要原因。但装备维修在原有基础上又有了新的发展。

(1) 基层部队开始设立维修机构。在德军,各个坦克师和摩托化步兵师,都配有负责机械修理勤务的分队。前者有 2 个修理连,后者有 3 个修理连,都是摩托化的。骑兵师编有修理排。1940 年 5 月,德国陆军总部后备部队的后勤部队编有 19 个战地修理连。

(2) 任务分工具体化。苏德战场上,苏联海军的技术保障已十分完善。主要包括舰船修理;军械修理;水中兵器修理;航材修理和汽车修理。舰船修理,由各海军基地和舰队修理厂承担。从 1941 年 6 月 22 日至 1944 年 9 月 1 日,苏联海军的 3 个作战舰队共修复各种舰船 8815 艘。军械修理,整个修理工作量占全部修理量的 10.4%。水中兵器修理(水雷、鱼雷),由舰队水雷、鱼雷处所属各仓库修理所负责完成,1943 年至 1945 年间,每个舰队每月修理鱼雷 100～200 枚。海军航空器材修理,由部队野战航空兵修理厂和海军航空兵修理基地负责进行。个别情况下,苏联空军修理厂给予支持。汽车牵引车和其他技术装备的修理,由地方工厂和陆海军所属工厂负责。在整个战争期间,苏联海军每年大约动用 23000 名工人从事舰艇、武器和技术装备的修理工作。

(3) 修理设备比较齐全。在库尔斯克战役时期,苏军的维修力量就有很大发展。坦克旅通常有一个技术保障连,拥有 3 至 4 辆修理车,还有装甲坦克器材车提供。机械化军一般拥有独立修理营、坦克修理营、损坏车辆收集所和装甲坦克器材库 1 至 2 个,后送连 2 个,负责中修。方面军技术力量较强,通常组成修理中心或修理后送群,负责包括发动机或若干机件总成大修。还有当地的机械修理厂改建为坦克修理基地。不仅在战役前期修复了 800 余辆战斗车辆,而且在战役过程中派出修理力量到前线在野外修理。

(4) 在战时发挥了重要作用。在列宁格勒战役中,维修保障发挥了重要作用。在城市被围困的情况下,国家后方的武器装备难以提供,维修的作用十分重要。在 1941 年下半年,共修复坦克 491 辆,火炮 317 门。在 1942 年的 10 个月中,他们又修复了坦克 187 辆,火炮 360 门,飞机 420 架。

苏联空军在战争中不断提高技术保障能力。1943 年,苏联空军已经组建了航空器材移动修理厂 649 个,移动修理基地 138 个。空军航空装备的损坏率由 1942 年的 20%～25%,甚至有时高达 50%,下降到 1943 年的 14.8%。

---

① 1 英里 = 1609.344 米。

第二次世界大战,随着装备本身的加快发展,军队装备维修又有了新的进步。

（1）理论研究不断取得新进展。代表性的理论创新成果包括：以可靠性为中心的维修理论；全系统全寿命维修管理理论；综合保障工程理论等。

（2）维修保障体制更加完善。以美军为例：国防部主管后勤的副国防部长帮办负责三军维修工作的方针政策与规划事宜；三军总部的物资装备供应机构分别负责本军种的维修保障工作；战区后勤地带的维修保障由战区陆军物资管理中心和地区后勤部所属地区保障大队负责；战区作战地带的维修保障由军、师后勤保障部物资管理中心及建制维修单位负责。

（3）维修原则更加明确。如美军，根据美国的情况，其原则是：统一计划——根据作战计划与要求、战区的地形条件和装备的使用状况，统一制订维修保障计划，合理安排维修力量；靠前维修——维修分队尽量靠近战斗部队配置，组织现地抢修，加强一线维修力量，以最大限度地减少后送修理量；换件修理——采用标准化、通用化的零配件和总成，进行快速"换件修理"，以减少修理时间，必要时，进行拆拼修理；密切协同——在各级维修单位之间建立密切的联系，经常互换信息，搞好相互支援，分工不分家；储存备品——军、师维修单位负责野战维修，均储存一定数量的备用装备，当某些损坏装备不能及时修复而部队又急需时，暂时将备用装备提供给作战部队；修补结合——维修分队既负责武器装备的维修，又负责本身所需修理零配件的补给，以减轻补给单位负担，提高修理效率；注重平时检修——平时就重视维护保养，定期检测，及早发现与排除故障，减少战时维修工作量。又如苏（俄罗斯）军，其提出的技术保障的原则是：修理机构和部（分）队按专业分工组建；战役后勤以固定修理与移动修理相结合，战术后勤主要是移动修理；修理部队靠前配置，尽量进行现场修理；尽量采用换件修理；实现装备和零配件的通用化和标准化；保持高度的战备，随时能够遂行保障任务；上级为下级负责；根据战役计划和军队任务预先做好周密的保障准备；重点保障主要方向上担负主要作战任务的军队集团；首先修复省人、省力、省时的武器装备，优先修理火箭兵、空降兵的火箭发射架及军队的指挥车辆；一旦不能现地修复，应迅速组织逐级后送。

（4）各级的职责区分更加明确，维修设备齐全。以美军为例，在连的维修方面：①步兵连编有军械员，负责各种装备的基层维修和将无力维修的装备后送到营维修排。对车辆的维修只限于擦拭、保养、润滑和调整。②机步连配备有1个13人组成的维修分排，装备1辆M578式救援车，1套基层维修工具，1个电台修理包和1套电子管测试工具。它除具有步兵连维修能力外，还可以后送损坏的车辆和装备，更换某些零件和进行装备的测试。在营的维修方面：①营维修排负责全营所有装备（通信和医疗器材除外）的基层维修，包括连后送修理的装备，车辆的定期保养,向连派出修理小组,步兵连损坏车辆的后送,需要直接保障维修的装备后送等。②营通信排负责通信器材的基层维修和将需要直接保障维修的器材后送到前方保障连的维修机构,但密码通信器材一般后送到师通信营修理。③营维修排的编成:步兵营维修排编制24人(包括排长技术员1人,汽车维修军士长1人,高级机械士3人,机械士和助手13人,其他技术兵6人),装备有各类汽车5辆,5吨轮式救援车1辆。机步营维修排编制37人(包括排长技术员1人,汽车维修军士长1人,助理汽车维修军士1人,高级机械士8人,机械士和助手20人,其他技术兵6人),装备有指挥车1辆,工程车2辆,5吨轮式救援车1辆,履带式救援车2辆。在师和军的维修方面,都规定的很明确。

苏军还把保障分为17大类:火箭技术保障;军械技术保障;坦克技术保障;汽车技术保障;工程技术保障;化学技术保障;通信和军队自动化指挥系统技术保障;后勤技术保障;计量保障;核技术保障;电子工程技术保障;航天工程技术保障;导弹工程技术保障;舰船军械工程技术保障;舰船技术保障;鱼雷技术保障;航天技术保障。

当然,军与民在装备方面的结合并没有因此结束,只是主要不表现在装备维修上,而是在装备的生产供应方面。在美国独立战争期间,战争重心转入南部后,1780年—1781年,英军的军火储备尤其是火药和轻武器开始出现短缺现象。造成火药短缺的主要原因是运输和保管不善。在1777年前后,从英国运送到美国大量火药,但其包装均使用木箱或薄铁桶。木箱在运输途中损坏较大,致使大量火药受潮块结而不能使用。薄铁桶在运输和仓库储存期间不断受潮生锈,也使火药大量块结。1780年3月,炮兵指挥官帕蒂森将军曾与本国承包商签订了一个火药供应合同,但时至10月,订货仍没有到达。轻武器的短缺主要是发生于南部。克林顿占领查理斯顿后,开始推行大力武装当地亲英分子的政策,企图依靠这些人控制南卡罗来纳。但英国政府和克林顿事先并没有作出适当的安排,武器、弹药和装具均感不足。直到这时,克林顿才提出增加轻武器储备的要求。克林顿订购的2万套武器直到一年之后即1781年5月才开始陆续到达北美,但为时已晚。到1780年秋,英军火炮的储存量也大幅度下降,已有很长一段时间没有得到补充。此外,还存在滑膛枪燧石问题。一块好的燧石可以击发60发子弹,而供英军使用的燧石仅仅能持续击发6发子弹。这种装备存在的严重状况,极大地削弱了英军的战斗力。

三、军与民的重新结合

20世纪80年代以后,特别是随着冷战的结束,世界进入了和平发展的一个新的时期，人们开始思考如何合理运用整个社会资源为人民造福；民用科学技术在民用需要不断加速的情况下得到迅猛发展，在战争年代那种军事技术独领风骚的年代结束了，代之而起的是军民并驾齐驱直到民用技术带头发展，不仅使得先进装备的生产完全可以依赖社会力量来完成，具有装备维修能力的地方企业也大量涌现，从而为装备维修在新的基础上实现军民一体奠定了可靠的社会基础。另外，随着高新技术的广泛运用，战争需求的骤然性与装备保障的周期性的矛盾表现得尤为突出。因受技术能力、技术力量、管理体制、保障费用等因素制约，仅靠军队自身的装备保障力量，无论在人力、物力还是在财力上，都难以完成保障任务。只有依靠国家雄厚的物质资源和强大的社会科技力量，发挥人民战争的巨大威力，才能满足保障未来信息化战争的巨大需求。正是在这种社会大背景下，无论我国还是外国，军与民在维修领域实现了重新结合。

（一）外军装备维修军与民的重新结合

在40多年的冷战期间，美国一直维持的是一个军民分离的工业基础。这种军民分离的体制，随着时间的推移，美国政府越来越感到代价太高，主要表现在：国防采办的承包和定价的资料要求等规定和程序，使采办费用提高；限制国防科技工业基础与民用科技工业基础之间的产品、工艺、技术的交流，产生低效、重复的现象，影响装备采用更先进的部件和技术；减少了愿意从事军品的厂商的数量。

冷战结束后，由于形势的变化，美国国防预算下降，难以再单纯依靠国防投资来确保军事技术优势和未来国家安全需要。苏联解体，使美国最为强劲的对手消失了，但随之而来的却是美国对不确定威胁的担心，这就要求其国防采办具有更高的灵活性、敏捷性、创新性。在新技术革命的推动下，以及在新的安全环境的需求下，美国原有的这种分离的工业基础很难继续维持下去。在此背景下，伴随国防采办政策贯彻军民一体化，装备维修的军民一体化也逐步开展起来。

尤其是20世纪80年代以来，随着发达国家第三代主战装备的服役，武器装备技术复杂程度日益提高，装备保障人力、物力、财力支出不断增加，仅仅依靠军队建制保障力量已经难以满足作战需求。进入21世纪，地方合同商越来越成为装备保障体系构成中不可缺失的重要力量，合同商参与保障的模式不断创新，推动着军民一体化保障体系稳步向前发展。发生在1991年的海湾战争，美军80%的装备维修保障人员是征召的民间维修力量，仅美陆军装备司令部管理的几个专业维修机构中，就有代表60个维修合同商的1000多名地方技术人员。在"沙漠风暴"行动中，合同商的数量进一步增加，仅陆军就有76个合同商保障军事行动。据统计，海湾战争中共有9200名合同商雇员负责维修，平均每100个军事人员中就有1个合同商的雇员，到波黑战争和科索沃战争中，美军事维修人员与合同商人员的比例已接近1:1。21世纪的伊拉克战争中,美军合同商部署人员是1991年海湾战争的10倍。几百家公司派遣大约2万名合同商雇员向参战的美军各军兵种部队提供各种保障,其中为武器系统提供软硬件的合同商包括著名的微软公司、惠普公司、松下公司等。由合同商组成的"阿帕奇"系统保障队,为"阿帕奇"系列直升机的保养和维修提供了全方位的服务。"爱国者"导弹系统、M1A1坦克、"猎犬"无人机,以及联合战场监视系统,大都依赖合同商进行维修,其中"猎犬"无人机70%的保养工作由合同商承担。

1. 形成了层次分明、分工明确的管理体制

由于军民一体化装备维修保障涉及军地双方管理和协调工作,必须要有科学、有效的管理体制作保证,才能确保维修保障的时效性、灵活性。美军明确了从国防部、参联会到各军种、战区司令部及联合作战部队等各级机构的相关职责,为实施军民一体化保障提供了制度上的保证。具体详见图2-1美国军民一体化保障管理机构。

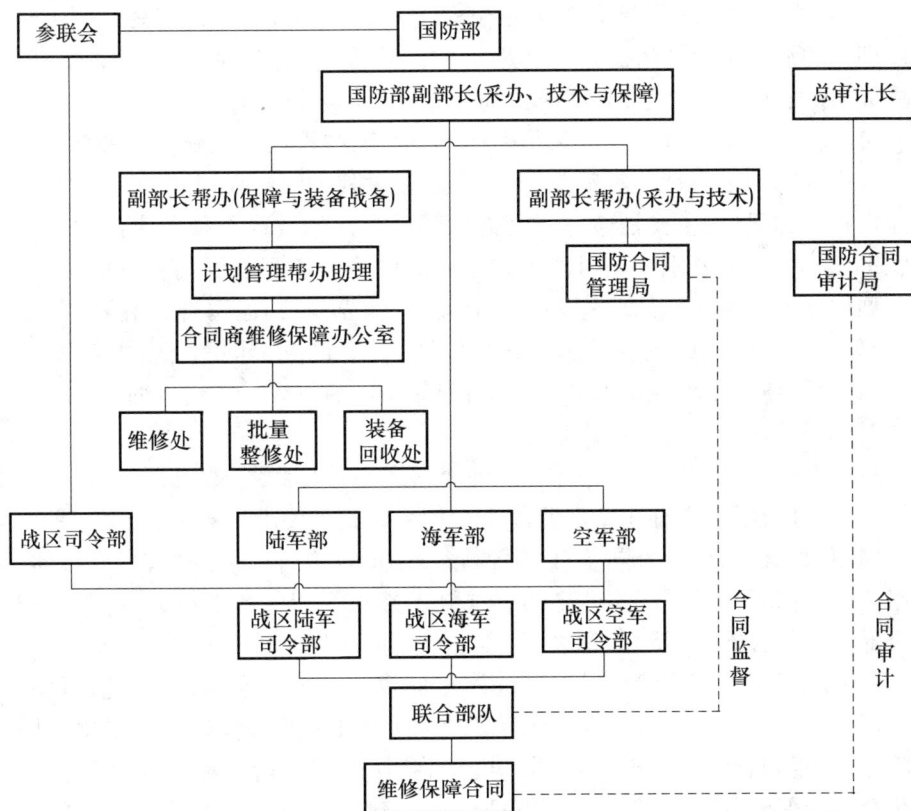

图2-1 美国军民一体化保障管理机构

（1）国防部与参联会全面负责军民一体化保障的顶层管理与协调。国防部作为美国军民一体化保障的顶层管理机构，不仅负责发布相关的指示、条令和文件，确定需采购的资源和配备的合同商力量，为合同商保障工作划拨经费，还负责对合同商保障的所有工作进行监督和协调。其中，采办、技术与保障副部长所属的装备保障与装备战备完好性副部长帮办负责制定整个美军合同商保障管理的相关政策，确保部队具备对各种保障合同的可视性并为其配备合同商可靠性信息系统，指导被保障部队的指挥官处理与合同商需求确定以及合同签订相关的工作。该帮办下设计划管理帮办助理并通过合同商维修保障办公室具体管理与维修合同及合同商管理有关的事务，该办公室下设三个处，分别负责装备维修、部队装备批量整修、装备回收处理三方面的合同商保障事务。此外，国防合同管理局及国防合同审计局分别履行合同的监管与审计职责。

参联会在合同商保障方面的职责主要通过联合参谋保障部向联合作战中的合同商保障工作提供战略指导，其主要职责包括制定并颁布战时合同商保障的规划政策，协助国防部监督相关政策的落实，将合同商保障的内容融入到平时的军事训练和演习以及战时的作战计划中。此外，参联会下辖的人事部、情报部、作战部、计划部等部门负责在战时协助保障部开展合同保障相关工作。

（2）军种部负责本军种部队军民一体化保障的管理与实施。军种部对配属给战区司令部的本军种部队负总责，一方面要对其进行行政管理，另一方面要向其提供相应的保障，主要是通过配属给战区司令部的战区军种司令部履行其相关职责。军种部主要职责是明确战时合同商保障需求和合同商管理需求，将其纳入到作战计划中并为战区军种司令部拨付经费；与其他军种、国防部各业务局、国际合作伙伴及其他政府部门进行协调，减少重复合同和保障资源上的冲突，提高合同商的军事经济效能；确保指派的合同商签订军官代表的资质得到认证并对合同的执行过程进行监管等。

战区军种司令部在军民一体化保障上接受军种部和所属战区司令部的双重领导。一方面，战区军种司令部要落实军种部的相关要求和规定，为本军种的战区合同商保障机构任命合同签订总负责人，并负责拨付所需经费；另一方面，战区军种司令部要按照战区司令部的要求制定并执行相关政策与命令，落实战区司令部确定的合同商保障优先顺序，确定合同签订及合同管理要求等。

（3）战区司令部负责战时军民一体化保障的需求并履行指导和监督职责。战区司令部作为军民一体化保障的需求方和用户，主要负责确定并提出合同商保障需求，规划合同商保障工作，并对合同商保障进行指导和监督，如制定"一体化合同商保障计划"与"合同商管理计划"；建立战时合同商保障所需的委员会、中心和工作小组；对随军保障合同商人员及设备的部署进行管理和控制等。

联合部队主要负责确定本部队的一体化合同商保障要求,发布本部队的一体化合同商保障计划,并在相应的作战计划中明确战时合同商保障的编制体制;确定本部队的合同商保障的优先顺序并予以落实;制定随军保障合同商人员的相关要求;监督本部队合同商保障的执行情况等。

(4) 依托各种委员会履行合同商保障的指导、监管与协调职能。为合理确定合同商保障使用的场合与优先顺序,充分协调各方资源并对合同商保障实施过程开展有效监管与审查,美军除依托现有管理机构开展合同商保障管理外,还成立了若干委员会协助各级管理机构。在合同签订方面,为使战区作战部队能充分利用合同商保障,战区司令部一般设立以下三个委员会:作战指挥官采购保障委员会确保在整个责任区内的合同承包及其他相关保障工作得到很好的协调;联合采办审查委员会负责审查、协调和掌控作战任务所需的联合通用保障物资和保障需求的生成,确定保障优先顺序,并对选用适当的保障渠道提出参考意见;联合合同签订保障委员会则负责协调和缓解联合任务区内机构之间在合同商保障上的矛盾,审核联合采购委员会提交的合同商保障需求,并就针对该具体需求提供合同商选择建议,具体见图 2-2。

作战指挥官 采购保障委员会	联合采办审查委员会	联合合同 签订保障委员会
负责制定作战指挥官一级与合同商保障有关的通用政策及职责区域内的相关事务	负责确定联合指挥官一级的需求优先权以及保障来源	负责确定在联合行动区域如何签订采办保障合同
确定需要由联合参谋部负主要责任的办公室、联合参谋部保障部和/或国防部办公厅出面解决的合同签订问题或其他相关问题。 确定在职责区域范围内的合同签订以及合同商人员管理方面的政策与程序。 确定战区保障合同签订机构的组织结构。 与美国大使馆及东道国就合同商保障问题及相关措施进行协调。 按照国防部指示3020.37"紧急情况下国防部合同商保障的延续性"的要求与国防部以及各军种部就合同商保障的潜在风险与损失问题进行协调	确定需要控制的通用保障。 审查需求。 就保障申请的优先权提供建议。 就用于满足需求的采办方法提供建议(如军方建制保障、东道国保障、多国保障及合同商保障)	通过协调战区保障及外部保障避免出现重复工作。 确定适当的外部或战区保障合同签订机制。 确保合同签订机构之间相关信息的交换,如保障来源、价格及合同商绩效等。 就统一采购问题提供指导。 制定战区保障合同签订程序。 按照货币控制要求及国际协议制定支付程序。 确保外部保障合同及战区保障合同的合同商管理政策得以强制执行

图 2-2 战区级合同签订委员会主要职能

2. 坚持保持军方核心维修能力优先原则

外军强调在军民一体化保障体系中保证建制保障力量的核心维修能力。除了基层级和中继级维修保障主要由建制保障力量完成外,在基地级维修保障中强调保持军方的核心维修能力。美军保持军方核心维修能力的两种做法最为典型,具有较好的借鉴意义。一种是通过确立基地级核心维修能力的概念确保军方具有对应急作战进行保障的能力。美国防部规定:核心维修能力是指为满足紧急行动的要求,必须保留在基地级维修机构内的维修技能和资源。以核心维修能力为依据,合理确定各类核心装备的种类及其数量,并随着参联会作战目标以及装备体系的不断更新变化而进行持续调整。2001 财年美军保持基地级核心维修能力所需的工作量为 4700 万个直接工时,约占整个基地级维修工作量的34%。另一种是通过控制合同商保障在整个基地级维修保障中的经费额度不超过 50%,来对合同商保障份额进行总体把关。美国国防部从 1982 年规定军方完成的基地级维修工作量不能超过总经费的 70%,这个时间正好是美军的第三代装备开始大量服役的时间,可见,随着装备技术含量的不断增加,合同商保障成为一种必然选择;1991 年,这个比例修改为 60%,实际上增加了合同商在基地级维修中所占的份额;1998 年规定合同商承担基地级维修的比例不超过 50%。近 10 年美军基地级维修中合同商所占的份额基本稳定在 45% 左右。具体见图2-3 所示。

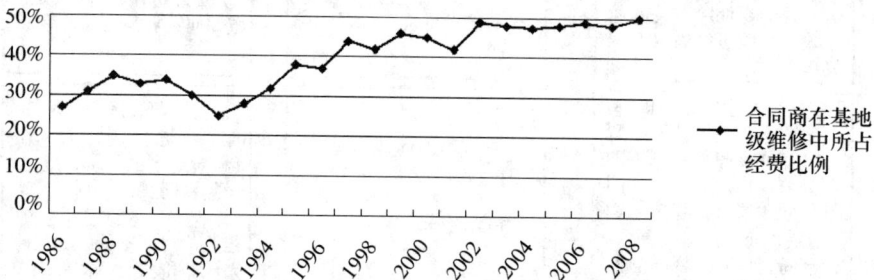

图 2-3　美军历年合同商保障在基地级维修中所占经费比例

3. 探索多样的公私合作保障模式

从 20 世纪 90 年代开始,为增强向作战部队提高基地级维修保障效能,美军不断探索形成了多种公私合作的模式,实现了军地双方维修能力的最优化利用。

(1)购买维修技术服务。高新技术装备配发部队后,由于装备本身结构复杂、技术先进,建制维修基地难以在短时间内掌握相关的维修技术,需要通过合作方式引入地方企业,特别是武器装备制造商的先进维修技术。在 2003 年 6 月启动的 B-2 隐身轰炸机先进复合材料的生产与维修项目中,奥格登空军保障中心与该装备的制造商——诺·格系统公司签订了"购买产品与服务"合作协议。该中心从合作项目中获得了1100万美元的收益,显著提高了自身的技术能力,提高了所属人员的技能水平。

（2）租用设施设备。在这种模式下,承担了军方装备维修与改进任务的地方工业部门通过合同的方式租用建制基地的资源(包括必要时利用建制基地的人力资源)。在美陆军M1"艾布拉姆斯"坦克的维修与改进项目中,"炮手主瞄准器"（GPS)的生产采用"设施设备租用"合作模式。通用动力地面系统公司在承包了该项目后,与安尼斯顿陆军基地签订了"设施设备租用"合作协议,利用基地提供的设施生产M1A2"系统增强计划"所需的炮手主瞄准器。一方面提高了基地设施设备的利用率并向基地提供了可观的资金来源;另一方面地方工业部门也因无需重新购置设施设备而节省了大量经费,实现了军地双赢。

（3）开展军地维修合作。在这种模式下,建制基地、地方企业及其他相关单位共同组成合作团队,通过签订谅解备忘录或合同来分配工作,明确职责。在美海军陆战队AV-8B"海鹞"战斗机的维修与改进项目中,海军航空系统司令部切里波因特基地和波音飞机与导弹公司以及国防合同管理局签署了谅解备忘录（MOU),成立了由各机构代表参加的项目管理机构,共同对项目进行管理。合作中充分发挥了军方在管理上的优势以及地方工业部门在技术和人力上的优势,取得了显著的经济和军事效益。

4. 健全制度机制规范合同商保障行为

为确保合同商在装备维修保障中的应用效果,美军经过长期探索,形成了较为完备的制度和机制。一是核心维修能力确定和审查制度。为确保建制保障力量具备核心维修能力,美军建立了核心维修能力确定和审查制度,持续地对已经确定的核心维修能力进行审查和更新。二是合格合同商清单制度。美军规定,承担军方维修任务的合同商必须具备必要的资质,以降低维修工作效果不能达到要求的风险。为此,美军制定了合格合同商清单并定期更新,只有列入清单的合同商才能参与重大维修工作的投标。三是竞争、评价、监督和激励机制。引入这些机制,为合同商保障的全过程管理提供了科学的手段,提高了装备维修保障的效率和效果。如美军在装备维修保障合同中引入了评价机制,要求对参加竞标的合同商进行评审,提高了军方在合同商选择上的决策科学性,可确保军方在合理的价格下选择最优的合同商。

5. 建立了完善配套的政策法规体系

冷战后,为了对合同商保障工作加以引导,各军事发达国家均出台了大量符合本国国情的政策法规。政策法规覆盖合同商保障的各个领域,既包括顶层宏观指导性的国家法律法规,又包括具体可操作的规范指南。以美国为例,其政策法规体系主要涉及三个层面:①国会制定的法律为实施军民一体化提供明确指导。美国政府在《美国法典》(第2464节和2466节)中对合同商保障做了明确规定,既确定了合同商保障的合法性,又限定了实施合同商保障的范围与底线。此外,美国政府的《联邦采办条例》也为美军实施合同商保障制定了详细规范,明确了合同商招商与合同签署的具体操作方法。②国防部为军民一体化制定具体可操作的条令和指南。如美国国防部制定颁布了5000.1和5000.2号指令,规定了民用技术、产品与服务采购的具体原则和管理程序。国防部还针对"基地级维修公私合作"颁布了4151.21号指令。③军种规章进一步规范军民一体化保障实施细节。如针对"基于性能的保障",陆军颁布了《美陆军"基于性能的保障"实施指南》,海军颁布了《项目办公室"基于性能的保障"实施指南》。日军在其《维修管理规则》中,专门规定了利用民间力量实施装备维修的原则、分类和要求。日军《关于陆上自卫队补给的训令》中规定,"凡是超出补给处的人员、机械器具、设施等维修能力的装备,应依靠军外维修"。为此,提出了新的维修职能区分,即新装备的获取期的后方维修,应以军外维修为主,旨在最大限度地利用该装备生产企业的技术力量和设备;装备维持期的后方维修,应由军内引进企业的维修技术和维修设备,以补给处维修为主。

6. 存在的主要问题

虽然合理使用合同商保障能够提高军方保障能力,节省保障费用,但是外军在具体实施中也暴露出很多问题,尤其在战时合同商保障方面,仍有很多不完善之处。主要表现在以下几个方面。

(1) 对战场合同商保障指挥控制能力薄弱。以往由建制部队执行保障任务时,上级指挥机构可以灵活指挥保障部队,以最快的方式完成保障任务。但使用合同商之后,部队给合同商下达任务必须严格按照与合同商签署的合同条款办理。而战场复杂多变的形势决定了战场保障任务不可能严格符合实现签署的合同条款。而要求合同商执行合同条款中没有明确说明的任务时,则需要战区级合同签订官批准,而批准程序从启动到完毕通常需要数周至数月时间,经常导致保障任务被拖延。尽管美军已经建立了监督合同商的程序,但监督工作仍存在很多问题。美国陆军派驻基层的大多数合同签订官代表缺乏相关专业知识,对专业领域业务不熟悉,不具备与合同商沟通的必要技能,难以发挥对合同商保障效果的监督作用。战场指挥官和合同签订军官协作渠道不顺畅,许多战场指挥官不熟悉如何与合同签订军官密切配合,严重影响了合同商保障的效能。

(2) 合同商战场作用发挥有限。作为非战斗人员,合同商保障人员大多没有接受过相应的军事训练,其机动性和防卫能力很弱,而在军方兵力有限的情况下不可能抽出足够兵力对其提供保护。因此合同商人员在战场上无法像平时那样有效发挥作用。在伊拉克战争中,美军合同商人员全部被安置在后方安全区域内,散布于战场的地面部队多数情况下只能依靠建制保障力量,导致合同商的作用大打折扣。

（3）过度依赖合同商保障有损军方核心维修能力的保持。据美军对伊拉克战场的调查,大量使用合同商保障减少了部队岗位训练时间,保障任务过度外包会占用士兵培养岗位经验和提升技能的机会。而且很多核心维修任务的实施频率并不高,军方需要依靠大量非核心维修任务来维持核心维修能力不退化。如果过度依赖合同商保障,可能会导致非核心维修任务减少,不利于保持军方核心维修能力。如在美空军 C-17"基于性能的保障"中,出于对该问题的担心,美空军将沃纳罗宾斯空军保障中心 2007 年的工时总数由 2006 年的 25 万小时提高到 45 万小时。

（4）合同经费监督制度尚不完善。由于信息的不对称性,美军在监督合同商经费方面也难免存在不完善之处。在 F/A-18E/F 的"基于性能的保障"项目中,合同商在计算成本和定价时没有采用正确的方法,而军方有关部门又未能及时发现该问题,导致合同商在收取维修零部件费用时要价过高。截至 2002 年 8 月 14 日,在海军检查的 114 个子合同中,额外的收费累计高达 1210 万美元。

（二）我军装备维修军与民的重新结合

党的十一届三中全会以来,在军民结合、寓军于民思想的指导下,我军装备维修保障坚持走军民一体化之路,特别是在高新技术装备维修、重大任务专项保障、维修器材和设备生产等领域,地方保障力量发挥了积极作用,促进了装备作战能力和保障能力的生成、保持与提高。军地各有关单位已经逐步认识到了开展军民一体化装备维修保障建设的重要意义,并且不同程度地开展军民一体化装备维修保障探索和实践,采取的主要做法如下:

（1）初步建立了军民一体化装备维修保障管理体系。军民一体化装备维修保障建设涉及军队装备保障管理部门、装备所在部队,及地方装备保障机构等多家单位,需要统一规范的管理,明确管理渠道和责任。因此,部分开展军民一体化装备维修保障工作较早、保障任务较多的单位都初步建立了军民一体化装备维修保障管理体系。部分单位为加强军民一体化装备保障管理工作,初步建立了组织管理机构和联合管理协调机制。

（2）制定了相关军民一体化装备维修保障建设法规制度。各军兵种通过完善制度,强化管理,使军民一体化装备保障工作在法规制度的保证下有序开展,对于规范和管理军民一体化装备保障工作起到了推动作用。

（3）逐步加强了军民一体化装备维修保障配套建设。军地各有关单位采取多种措施,加强军民一体化装备保障科学管理,如实行修理资质认证制度、设立装备监修机构、加强修理价格管理,形成了相互监督、相互制约的军民一体化装备维修工作机制,有效地提高了装备维修经费使用效益。

(4)开展了部分武器装备维修保障军民一体化实践活动。军地各有关单位根据装备实际和保障需求,开展了一系列军民一体化装备维修保障实践活动。一是开展了装备修理和维修保障工作。各单位在装备修理、技术支援、重大任务保障方面积极运用地方保障力量。对于军队建线难度大、效益低的高新技术装备或分系统长期以来一直依托装备承研承制单位开展大、中修工作。二是依托地方力量实施技术支援。各单位积极依托地方力量进行技术支援,以设立前沿技术服务站点、部队巡检巡修等形式,在新装备质保期内协助部队尽快形成保障能力,在质保期外为部队解决维修技术难点问题。三是开展军民一体化装备器材保障。加大通用车辆、工程机械等装备通用器材的市场保障和竞争性采购力度。四是加强新型装备保障能力建设。为尽快形成和提高新型装备保障能力,在新型装备修理线建设、技术人员培训、技术资料编制等方面,大力依托装备承研承制单位开展工作。五是开展了装备维修保障国防动员抽组和保障演练。为加强应急作战装备支援保障能力建设,各军兵种均依托军代局、地方保障机构等单位开展了国防动员抽组和保障演练。

通过各单位的积极探索,军民一体化装备维修保障建设工作虽然在局部取得了一些进展,对军队装备保障起到了重要作用,但也暴露出一些问题和矛盾,如存在着组织管理体制不健全、运行机制不顺畅、保障模式不科学、法规制度不完善等诸多问题,影响和制约军民一体化装备维修保障的深入发展。

四、军民装备维修保障关系变化的基本规律

(一) 追求军事经济效益的统一是军民关系变化的根本着眼点

历史经验一再告诉我们,一个国家要自立于世界民族之林,既要有雄厚的经济实力,又要有强大的国防力量。而军与民装备维修保障关系的变化很大程度上是为了兼顾装备维修保障的军事效益和社会效益,实现"富国强兵"的目的。无论是军与民的原始一体状态、军与民的分离状态还是当今世界的军民重新结合,都直接受这一规律的制约。在一定生产力水平基础上,只有采取相应的维修保障方式,才能确保国家经济建设和军队建设的双重需要。但是,历史上也出现过不能正确处理军事效益和社会效益两者关系,导致改革走弯路的例子。如美国就曾经过分注重合同商保障带来的经济效益,保障任务过度外包,致使出现士

兵培养岗位训练时间不足,岗位经验和提升技能机会减少的问题。出于对该问题的担心,2007年美空军将沃纳罗宾斯空军保障中心对C-17"基于性能的保障"的军方工时总数由2006年的25万小时提高到45万小时。美军在总结伊拉克战争教训时,第一条就是要控制合同商保障数量规模,指出过度依赖合同商保障有损军方核心维修能力的保持。

(二)经济实力是实行军民一体化装备维修保障的客观基础

经济是社会存在和发展的基础,是人类最基本的实践活动。它对其他活动起着支撑作用,当然对装备维修保障也起着支撑作用。装备维修保障所需的人力、物力和财力来源于国家经济。国家经济实力的水平,决定着装备维修保障能力的水平。现代军事装备的高技术化,价格越来越昂贵,保障费用也越来越高,更增强了军事装备维修保障对经济的依赖性。由于高新技术装备结构复杂、系统性强,对维修人才素质和设施设备水平要求高,致使装备保障建设的周期长、投资大,完全依靠部队自身形成保障能力非常困难。目前,建设一条高新技术装备的修理线,少则几千万,多则上亿、甚至几个亿,投资非常大,建设周期也越来越长。推行军民一体化装备维修保障,很大程度上就是要充分利用装备承研承制单位人才、技术、设备优势,减少重复投入,提高维修保障的经济效益。

(三)科学技术进步是军民一体化装备维修保障发展的重要推动力

根据马克思主义关于生产力和科学技术之间的关系原理,我们可以自然地认识到,科学技术是装备维修保障发展变化的第一推动力,是装备维修保障能力诸要素中的主导要素。科学技术的发展促进了装备维修保障方式方法的变化。纵观军民装备维修保障关系演变史,每一个历史阶段的保障方式和方法,归根结底都是由当时的科学技术发展水平决定并在其推动下发展变化的。不同时代的科学技术发展水平,创造了与之相适应的装备维修保障所需的物质基础,装备维修保障只能充分利用这些物质技术条件,而不能超越它。同时,科学技术的发展对装备维修保障专业人员的素质提出了新的更高要求,使用装备维修保障手段的专业人员,必须相应地掌握有关知识和专业技能,提高科学技术水平。新时期推进军民一体化装备维修保障,就是要充分利用装备承研承制单位的人才优势、技术优势,加速形成维修保障能力。

(四)军与民在维修保障中的关系变化是一个长期的历史过程

从装备维修保障发展史可以看出,军与民在维修保障中的地位作用的变化是一个漫长的过程。这个过程一方面源于维修保障实践本身,装备发展是一个漫长的过程,维修保障随着装备的发展变化而不断变化;另一方面人们对军与民在维修保障中关系的认识有一个过程。由于维修保障理论和实践的不确定性的对立统一,推动人们对军民维修领域关系从"实践—认识—实践"循环往复,使维修保障方式由低级向高级发展。在当前情况下,深化装备保障体制改革,构建军民一体化装备维修保障体系已成为促进我军装备维修保障发展,增强维修保障能力的动力源泉,将长期伴随装备维修保障发展始终。

五、对推进军民一体化装备维修保障改革的启示

(一) 要建立多样化的军民一体化装备维修保障模式

推行军民一体化装备维修保障,引入地方保障主体,很大程度上是为了满足武器装备的迫切需要,武器装备决定着军民一体化装备维修保障的程度、模式和任务分工。在划分军地等级修理特别是高等级修理任务上,应根据装备的不同类型、不同阶段和不同保障需求,采取多样化的保障模式。一是军队自身已完全具备保障能力的装备,或不宜由地方承担的保障任务,应立足军内,实行三军联合保障。二是军队自身不完全具备保障能力,但具备一定保障基础条件的装备,可考虑积极引入地方保障力量,实施军地联合保障。三是军队暂不完全具备保障能力和基础条件,但装备数量较大,且有可能形成自主保障能力的,应积极依托装备承制等单位,尽快形成保障能力,实行自主保障。四是军队自身不具备保障能力和基础条件,且列装数量少、科技含量高的装备,应研究依托装备承制等单位,实施合同保障。五是军地均具备保障能力的军民通用装备,应建立市场化的竞争机制,逐步推行社会化保障或第三方售后服务保障等。六是在研新型装备,应明确承制单位的质量责任、后续保障责任和成套技术资料交付责任,从买装备逐步向买"装备+服务保障"转变;根据新装备的技术含量、列装规模、军地保障条件等因素,同步研究确定列装后的保障模式,并做好相应准备。七是对于停产或待停产装备,应积极促成地方承制单位向军队转移技术和资源,形成军队自主保障能力,或与地方签订联合保障协议,确保停产后装备保障需要。

(二) 要正确处理改革中的各种利益关系

与经济、政治改革一样,军民一体化装备维修保障改革也是一种利益调整。它的动力和阻力都与利益相关。在军民一体化装备维修保障改革中,不能忌讳言"利",要树立军地共赢思维,正确处理各方的利益关系,才能使改革健康发展。这就要求军民一体化装备维修保障改革的谋划者和组织者:第一,设法使大

多数维修主体能够在改革中受益。要树立军地共赢思维,正视和尊重各维修主体的正当利益,设法使大多数参与军民一体化装备维修保障的维修主体在改革中受益。第二,敢于触动少数人的既得利益。由于军民一体化装备维修保障改革要对维修体制进行结构性调整,或是裁撤,或是归并,不可避免地触动到其中一部分人的既得利益,他们会反对军民一体化装备维修体制改革。有些维修主体在改革初期是获利的,但随着改革的深入,可能会失去既得利益,这时他们会希望维持现状,反对进一步深入改革。在这种情况下,为了确保实现改革的预定目标,要十分坚决地坚持进行改革,决不可不敢正面触动既得利益者,而使改革半途而废。第三,要灵活运用利益补偿手段。灵活运用利益补偿,有助于减轻既得利益者对军民一体化装备维修保障改革的反对。对此,要在正确区分不同利益主体的利益诉求基础上,分门别类予以补偿。

(三)要坚持理论准备、组织保障和制度建设三管齐下

军民一体化装备维修保障改革作为装备保障变革过程中的一种自觉行为,需要有理论的准备、有组织上的保障和制度上的建设。考察古今中外的军民一体化装备维修保障历史发展,不难发现,凡是推行军民一体化维修保障的成功者一般都比较好地实现了三者的结合,凡是失败者则在这方面存在着明显的缺陷。一些军民一体化装备维修保障改革之所以迟迟不能启动,一个直接的原因是决策者犹豫不决,除了缺乏强烈的进取精神和勇于担当的历史责任感外,一个非常重要的因素就是军民一体化装备维修保障的理论准备不足。失去了改革理论的坚实支撑,难以切实把握军民一体化装备维修保障改革的社会环境,不能确定改革的政治、经济条件是否真正成熟,弄不清改革的方向、方式和方法,自然就下不了改革的决心。即使下定了决心,改革也难以顺利实施。军民一体化装备维修保障改革的组织保障所需要解决的一个问题是,改革者必须能够切实得到编制机构的保障,只有这样,军民一体化装备维修保障改革才不会成为“空中楼阁”。军民一体化装备维修保障改革中的制度建设,既是改革的内容,又是改革的保证,因此必须将其作为军民一体化装备维修保障改革的中心环节来加以关注。显然,只有真正做到理论准备与组织保障、制度建设并重,军民一体化装备维修保障改革才能立于坚实的基础之上,才能保证改革积极有序、持久深入地进行。

(四)要着眼提升军队核心维修保障能力稳步推进改革

军民一体化装备维修保障改革具有明显的阶段性特征,一般要经历理论准备阶段,统一思想和意志,明确改革的方向和方针;总体方案研究、论证和决策阶段,制定配套系统改革方案,强化改革的效益;分步实施阶段,验证结果,发现问

题,及时调整。在改革中要学习借鉴中国经济改革"渐进式"的成功经验,按照"保留存量、改革增量"的思路,着眼提升军队核心维修保障能力,稳步推进改革。具体地说,对军队已形成维修保障能力的装备保障体系不做调整,从军队尚不具备保障能力的新型在役在研装备入手,规划设计军民一体化装备维修保障方案、区分军地任务界面、合理配置军地维修保障力量。对于具体型号装备而言,可以按照先在器材供应、人才培训等配套建设方面引入地方保障力量,再扩大到装备高等级修理的顺序,逐步探索建立军民一体的联合保障模式方法;对于地方保障力量的选择可从国有军工企业开始,逐步向民营企业拓展;对于每一项改革都要按照先试点探索,再推广应用的实施步骤,渐进式分步推进,确保军队核心维修保障能力不断增长。

第三章　军民一体化装备维修保障的系统

相对于整个军事系统来说,军民一体化装备维修保障系统是其中一个子系统,但就其自身构成而言,军民一体化装备维修保障系统又是一个由各种要素构成的完整系统。军民一体化装备维修保障系统是由维修保障主体、维修保障客体和维修保障工具等要素构成的具有特定结构和功能的系统。

一、军民一体化装备维修保障系统构成要素

要素一般是指构成事物的必要因素或必不可少的条件。任何事物都由若干相互依存、相互制约的要素构成的,军民一体化装备维修保障系统也不例外。由于视角与范围的不同,对装备维修保障系统要素划分也是不同的。当前,有八要素说和四要素说之分。八要素说,认为装备维修(技术)保障系统是由八大要素组成,即装备技术保障人员、技术保障装备、装备技术保障器材、装备技术保障设施、装备技术保障信息、装备技术保障法规、装备技术保障体制和装备技术保障对象组成。四要素说又分为两种,一种四要素说认为维修保障系统是由物质资源(备件及原料、材料、油料等消耗品供应,仪器设备维修及补充,技术资料的准备及供应等)、人力资源、管理手段(组织机构、规章制度)以及信息资源(程序和数据等软件与硬件构成的计算机资源与系统)等要素组成;另一种四要素说认为装备保障系统是由人员要素、物质资源要素、财力要素和科技要素等组成。

系统构成要素应当是军民一体化装备维修保障系统必备因素,对其概括,一要全面,但又不能不分主次;二要抽象,能够体现军民一体化装备维修保障的特点。对此,我们认为,军民一体化装备维修保障系统的构成要素可以划分为基础实体要素、中间表征要素、高位职能要素三类,如图 3-1 所示。基础实体要素指维修保障主体、维修保障客体和维修保障工具,它们具有物质性和独立性,是构成军民一体化装备维修保障系统的基础。中间表征要素指时间、空间和信息等要素,这些要素具有依附性和同时性,它们不能须臾脱离实体要素而存在。高位职能要素由计划、组织、指挥、控制、协调等构成,它们通过改变表征要素来驾驭实体要素,使实体要素有机结合起来有序运行,有效发挥功能。这三类要素中,基础实体要素起决定作用,没有它,其他要素都不复存在。因此,我们将基础实

体要素称为军民一体化装备维修保障系统的基本要素,予以重点研究。需要指出的是,由于军民一体化装备维修保障系统是一个复杂系统,其基本要素也是一个系统,由不同层次、不同类型的构成成分组成。它们有可能与其他构成要素或要素构成成分发生千丝万缕的联系。

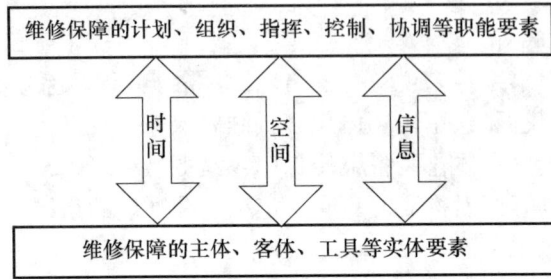

图 3 - 1　军民一体化装备维修保障系统构成要素

(一) 维修保障主体

维修保障主体是指具有一定军事素质、政治素质、专业知识和技能的装备维修保障人或人群共同体。维修保障主体是维修实践与认识活动的发动者、实施者、驾驭者、主导者,在军民一体化装备维修系统中处于能动方面,起着决定性的作用。按照维修实践与认识活动的范围和形式,维修保障主体可分为个体型维修保障主体、集团型维修保障主体和社会型维修保障主体三个层次,每个层次都由不同机构和人员组成,如图 3 - 2 所示。

个体型维修保障主体是指在一定的维修系统中,在一定的维修岗位上相对独立地进行维修实践与认识活动的单个人或单元。这个人可以是维修技术人员也可以是维修管理人员,可以是维修科研工作者,也可以是维修企业的生产者或其他工作人员,还可以包括检测车、修理车(船)等单个维修单元体。个体型维修保障主体是有限理性的人,认识实践活动带有明显的个体活动局限性的特点,其实践和认识的结果带有明显的个人印记。

集团型维修保障主体是指各种各样从事维修实践与认识活动的群体构成的维修保障主体。集团型维修保障主体又可以从纵向和横向上进行分类。在纵向上,从军队的维修组、维修班、维修排到维修连、维修营,地方企业的维修班组、车间、厂(所)、公司、集团公司等,都可以将它们看作是一个集团型维修保障主体。在横向上,可以把从事不同性质维修实践与认识活动的维修保障主体看作是一个个集团型维修保障主体。一个集团型维修保障主体的能力并不简单地等同于这个集团内个人能力的简单相加。同个体维修保障主体相比,集团型维修保障

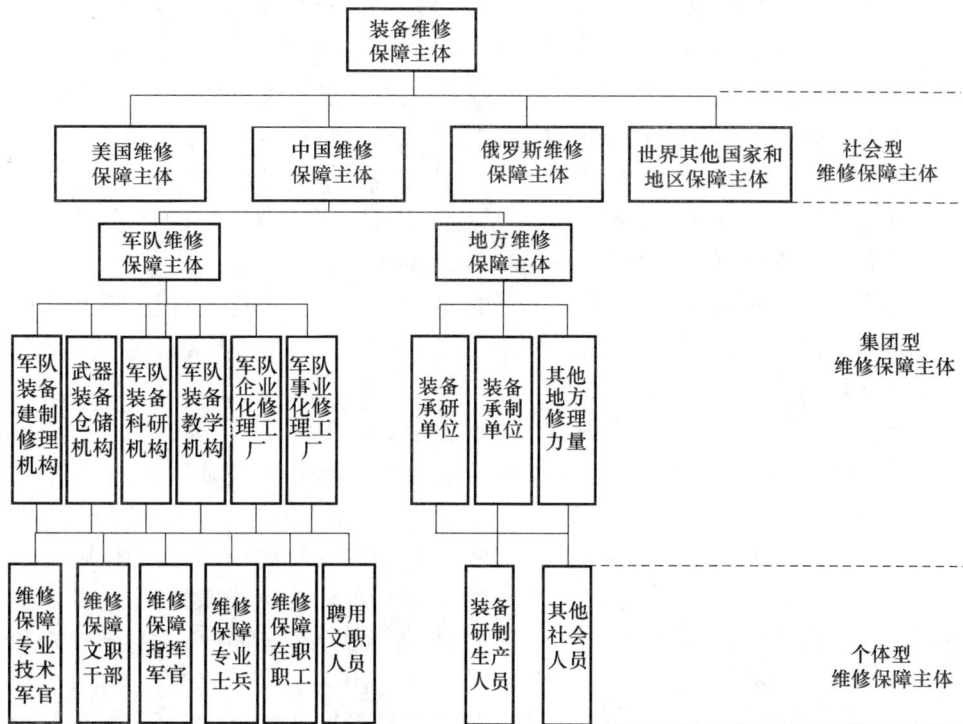

图 3-2　维修保障主体

主体一经形成,便进入到了一个更高的层次。它同个体型维修保障主体的能力有本质的区别,常常能较多地克服个体实践和认识的局限性。

社会型维修保障主体是指组织领导整个维修实践与认识活动的有关国家和政治集团。它是各种维修保障主体中最大集合体,但又不是个体型维修保障主体、集团型维修保障主体的简单总和。社会型维修保障主体由于受到政治、经济、文化、传统、道德、制度、法律的制约和影响,在进行维修实践与认识活动时,具有许多不同于个体型维修保障主体的特点。即使与集团型维修保障主体相比,在群体性方面二者相似,但社会型维修保障主体还是较多地受到社会性诸因素的影响。目前,按照维修保障主体的国别,社会型维修保障主体可分为不同国别的维修保障主体。按照维修保障主体的属性,社会型维修保障主体通常可以分为两大类,一类是军队维修保障主体,另一类是地方维修保障主体。军队维修保障主体是军事力量的重要组成部分,由基层级、中继级和基地级三级作业体系构成,平时承担着大量、繁重的装备日常维护保养、封存保管、技术准备、故障排除、小修、中修以及部分装备的大修任务,战时要完成装备应急抢救抢修、器材筹供等任务。从力量规模、工作量以及任务性质上看,当前和今后一个时期,军队维修保障主体在军民一体化装备维修保障力量体系中仍将处于主导和主体地位。地方维修保障主体主要承担的是部分复杂装备的大修和技术支援任务,具有技术能力强、人员队伍稳定、管理机制较灵活的优势,是提升部队装备保障能力的"倍增器",是部队维修保障的重要补充,是部分高、精、尖装(设)备保障的主要保障力量。地方维修保障主体,特别是在装备承研承制单位承担装备修理的人员是以装备生产人员为主。

通常高层次的维修保障主体由低层次的维修保障主体构成,但又不是其简单的总和,各层次之间存有明显的区别。集团型维修保障主体常常能较多地克服个体实践和认识的局限性,社会型维修保障主体要较多地受到社会性诸因素的影响。即使同一层次维修保障主体之间也是既有联系又有区别。就个体型维修保障主体而言,地方维修保障个体和军队维修保障个体之间存在一定差别。军队和地方维修保障主体在基本职能上具有一致性,存在着许多共性的东西,同时也存在一定差别。二者的共同点是:维修组织都由维修技术人员和保障管理人员组成,都有专业性强的特点;维修保障一般都需要相应的保障设备、设施和技术手段等支持;都需要消耗一定的器材备件等物资资源;都围绕武器装备来开展活动。二者的不同点是:①地方维修保障主体由于长期处于激烈的、开放的社会竞争环境中,其竞争意识、追求个人需要满足的倾向比较重,而军队维修保障主体受到环境影响,往往更加强调协作、合作和奉献。②军队维修保障主体由于受到良好的军队传统教育,严格军事训练的打磨,军队维修保障主体较之于地方维修保障主体更具服从、勇敢和艰苦奋斗等精神,以及雷厉风行的作风,也更为普遍地具有强健的体魄和作战的基本技能。③由于平时装备维修保障需求相对少,军队维修保障主体的技能保持和提升主要靠专业培训,而地方维修保障主体,特别是军地通用装备维修保障主体直接面向保障需求市场,地方维修保障主体技术提升的主要途径是专业培训基础上的广泛实践。④由于战时装备维修保障的应急性强,装备维修保障不仅要求适应平时的保障装备和设备,还需要适应战时需求的保障工具和条件,在这方面军队维修保障主体占有一定优势。就军地集团型维修保障主体而言也存在差别。在人员规模上,地方维修保障企业人员规模较大,相对来说,军队维修保障企业人员数量要少得多。如地方某型军机的生产厂,除总装厂外,仅一级产品配套厂就达×××多家,有×××万员工,而空军该型飞机的修理厂员工规模仅约×××人。在业务范围方面,军队维修保障主体能够进行相关多型装备的维修,可以以"一对多";而装备制造厂家则是多家厂家针对某一型装备保障,是典型的"多对一"。

维修保障主体间的特性差异使得军地双方各有优势。在军民一体化装备维修保障中,我们必须正确认识和充分考虑到这些异同点,按照优势互补原则,区分各自运用的时机、条件和范围。通常情况下,军队维修保障主体主要承担装备平时日常维护保养、常见故障排除、小中修以及某些相对简单企业配备数量较多装备的大修;战时装备战场抢修、损伤评估与修复。地方维修主体平时主要完成配备数量较少且技术特别复杂的装备,以及军民通用型装备的大修和部分中修;战时支援部队维修保障,如开展提供备件、维修设备和开展训练、技术咨询、部分软件保障等。

(二) 维修保障客体

与维修保障主体相对应,维修保障客体是指维修保障主体在活动中所指向的各种客观事物、过程和现象。也就是说,维修保障客体是维修保障主体从事维修实践活动所指向的一切对象。离开了维修保障客体这一保障对象,装备维修保障活动也就没有存在的意义。维修保障客体对维修保障主体、维修保障手段有反作用。按照维修客体存在形式的不同,大体上可分为物质型维修客体和精神型维修客体两大类。

物质型维修保障客体主要指接受维修保障的武器装备,或者是维修保障的对象。应该讲,物质型维修保障客体与武器装备体系不同,它是指需要维修保障的武器装备,它是武器装备体系中的一部分,而不是所有的武器装备体系。维修保障对象是影响军民一体化装备维修保障程度的关键因素。一切装备维修保障活动,必须有利于提高被保障对象的完好率,有利于装备作战效能的充分发挥。因此,维修保障对象在很大程度上决定着军民一体化装备维修保障的程度、模式和任务分工。对于技术含量相对较低的一、二代装备保障对象来讲,军队能够也已经形成自主维修保障能力,就不需要地方维修保障力量参与了。军民一体化装备维修保障指向的客体主要是技术含量比较高、结构功能复杂的高新技术装备。当前,随着一些复杂高新技术装备陆续配发部队,由于其本身技术难度大、新技术含量高、配套单体多,对装备维修保障提出了新的更高要求。具体地说,一是系统庞大、技术复杂,维修保障协调难度大。高新技术装备通常具有体系庞大、结构复杂等特点,维修此类装备难度加大。以某型防空情报指挥系统为例,该系统由大小××余辆车和多种工作站组成,集合了计算机技术、通信网络技术、软件技术、光机电一体化等多学科技术,使用上覆盖了预警探测、信息处理、辅助决策到火力单元控制的全过程,与上至各军兵种、集团军(师)系统,下至防空连系统的互联互通,同时还要与人民防空力量进行信息交换。由于多学科相互渗透、相互影响而产生的协同效应,提高了武器装备的性能,但也使维修保障趋于复杂化、系统化。例如,对于一个常见故障现象"信息链断裂"来讲,有时就很难分清是人为操作还是设备故障造成的,是系统内部故障还是外部故障造成的,是信息流前端还是后端造成的。这些都使维修保障在技术、管理、器材等方面的协调难度加大。二是技术更新快,状态变化频繁,对维修保障能力要求高。高新技术装备通常为集多种技术于一身的复杂信息装备,而这些新技术的特点之一就是技术升级快、更新换代快,有些信息交换格式、标准规范、通信协议、密钥管理以及软件平台等还要随全军装备发展的需要不断升级;当升级达到或超过硬件极限时,则要批量更换硬件设备,造成系统的软硬件技术状态变化频繁,而且这种更新升级在信息化装备服役期内是一种常态。还以某型防空情报指挥系统为例,为适应某集团军一体化建设,该防空作战指挥系统在交付部队两年左右后就进行了通信系统、软件系统以及相关的硬件设备三方面的升级,这些升级又涉及到雷达接口、哨所站接口和软件模块接口的变化,还涉及到与上下级指挥系统的接口。武器装备经常性加改装给维修保障提出了很高要求。三是软件比重大,突出问题多,对软件维护保障提出新要求。在相当比例的高新技术装备中,软件占据着核心和主导地位。但是,由于目前我军装备软件在定型前对软件的维护性、保障性基本没有测评要求,导致软件的开发和维护脱节,发生问题后,定位问题和解决问题必须依靠分析软件的开发文档,甚至是源代码来实现。另外,由于软件系统庞大,涉及单位众多,在解决问题的过程中,稍有不慎,就会影响系统集成的水平,甚至产生新的问题。软件自身维护保障的特殊性,原有的装备维修保障体制难以规范软件的保障活动,缺少相关的标准法规和可操作性指导文件来规范和约束装备保障。上述高新技术武器装备的特点决定了维修保障难题是严峻的,单靠军队维修保障力量难以很好解决问题,必须通过推进军民一体化装备维修保障,在拓宽保障路子,寻求新的保障方式上下功夫。在维修保障实践中,军地双方要依据维修保障客体的数量、技术复杂程度、部署情况,合理确定军地任务分工。一般来说,对于数量较大,军队有可能形成自主保障能力的,应积极依托装备承制等单位,尽快形成自主保障能力。对于列装数量少、科技含量高的装备,可依托装备承制等单位,实施合同商保障。对于在研新型装备,根据新装备的技术含量、列装规模、军地保障条件等因素,同步研究确定列装后的保障模式,明确承制单位的质量责任、后续保障责任和成套技术资料交付责任,从买装备逐步向买"装备+服务保障"转变;对于停产或待停产装备,应积极促成地方承制单位向军队转移技术和资源,形成军队自主保障能力,或与地方签订联合保障协议,确保停产后装备保障需要。

精神型维修保障客体主要指维修保障主体的维修保障活动所指向的主体自身和客观的精神现象、精神产品,如在装备研制生产阶段,有关维修性保障性方面的设计理念思想,存在于维修保障主体头脑中的维修经验、维修灵感和直觉,各种维修技术资料、操作规程、维修条令条例等。精神型维修保障客体是影响军民一体化维修保障的重要因素。以技术资料为例，齐套的技术资料是维修人员进行维修工作的基本保证。目前，武器装备的技术资料比较缺乏，除个别老型号资料相对齐全外，在役的大部分型号资料较少，随装资料中一般只有技术说明书，且内容过于简单。针对技术资料供给与需求方面的突出矛盾，可运用合同手段加以解决。对于新研型号，在研制初期，预先研究提出所需技术资料种类、内容以及可读性、适用性等方面的要求，在装备采购合同中予以明确。要求承研承制单位在装备研制阶段，同步编制修理技术资料清单和低等级修理技术文件及图纸资料，列入设计定型文件一并提交；在装备生产阶段，编制高等级修理技术文件及图纸资料，在合同规定的限期内提交。对于在役型号，结合重大任务保障及返厂整修时机，在合同中明确提供技术资料的相关要求内容。承研承制单位依据合同要求，交付技术资料时，使用部队应对其适用性进行验证，及时提出反馈意见。资料交付后，还应建立规范的资料分发制度和渠道，保证一线装备维修保障人员能够及时获得适用、够用的技术资料。

（三）维修保障工具

维修保障工具是指维修保障主体作用于维修保障客体的工具设备。工欲善其事必先利其器，维修保障工具作为人的目的和能力的物化，充分展示了人类维修活动的主观能动性和目的性，有着其他要素无法取代的意义和价值。维修保障工具是指军民一体化装备维修保障系统中维修保障主体作用于维修保障客体的中介物质要素，包括用于维修实践与认识活动的维修设备、维修器材、维修设施、维修技术和维修信息等。维修设备又可分为手工工具、检测设备、修理工艺设备、辅助设备等。手工工具是指检查、调整、分解、装配零部件的螺丝刀、扳手、手钳等；检测设备是指确定装备技术状况的测试、测量和诊断仪器等设备，如无损伤检测设备、试验台、试车台、自动测试设备等；修理工艺设备是指分解、装配、调整、研磨、机加工、连接、热处理、表面处理等修理工艺所用的设备；辅助设备是指提供能源、搬运、起重和便于操作使用的设备，如工作架（梯）、启动车、清洗车（船）等。维修器材包括备件、附件、工具、仪表（器）、油料、材料等；维修设施主要包括装备技术准备、技术检查、维护、修理和储备等所需的永久或半永久性场所、建筑物及其配套设备；维修技术指装备维修保障的方法、工艺、技能和手段以及相关理论的统称。维修保障工具作为人的目的和能力的物化，充分展示了人类维修活动的主观能动性和目的性的特征，有着其他要素无法取代的意义和价值。随着工业生产、科学技术和军事装备的发展，装备维修保障工具的种类构成日益复杂，技术密集型维修设备的比重不断增大，机动性能好、防护性强、自动化程度高、环境适应强、保障效率高的装备维修保障工具将逐步增加,向着标准化、通用化、系列化、智能化,以及快速、轻便、高效能、自动化的结构模式发展。与以往简单的维修工具不同,现在高新技术装备所需要的维修工具投入资金大,建设周期长。目前,建设一条高新技术装备的修理线,少则几千万,多则上亿、甚至几个亿,投资非常大。在这种情况下,装备承制单位具有技术力量强,相关设施设备比较配套等有利条件,利用这些技术资源,实行军民一体化装备维修保障,可以缓解高新技术装备保障工具建设因投入巨大而引起的供需矛盾。同时,我们也必须清醒认识到装备生产与装备大修毕竟有所不同。装备生产设备、技术与维修设备、技术之间也是既有区别又有联系。在设备方面,装备大修和装备生产都包括装配、调试、测试、试验等流程,因此都要具备装备检测、试验、机械加工等设施设备。但装备大修还包括装备分解、故检、修理等工艺,因此,大修设备侧重于故障检测、故障修复、再制造等设备。在技术方面,装备大修和装备生产都需要装备设计部门提供的技术资料作支撑,都要具备机械加工、零件装配、试验测试等各方面技术,但应用范围、适用对象不同。在应用范围上,装备生产针对的是所生产型号装备的各项专业技术;而装备大修则需根据相关型号产品的专业继承性、原理结构相似性和检测设备的兼容性,研发同类别不同型号装备的检测、试验和维修任务的技术设备,具备承担不同生产厂多种型号装备的维修技术力量。在适用对象上,装备生产更重视适用于批量生产的工艺流程及有关技术;而装备大修需要根据装备的使用时间、技术状态、损伤程度,动态采取各项技术。

在军民一体化装备维修保障中,一方面,要充分利用装备承制单位生产设施设备从事维修,承制单位在筹建新装备生产线时,要按照柔性化设计思想,同步考虑装备大修任务需要,通过适当增加设施容量、预留工装设备接口等方式,为未来完成大修任务创造条件。另一方面,要充分认清修造毕竟不同,"能造未必能修"。对于技术状态已经固化的现有装备生产线,无法实现一线多用或修造共线的,还需要投入专项资金另建修理线。

(四)基本要素之间的关系

从总体上说,维修保障主体、工具、客体各基本要素之间相互影响、相互制约和相互促进,其中任一要素的变化,可能产生积极的倍增效应、协同效应、饱和效应,引起其他要素甚至整个系统的变化。构建军民一体化装备维修保障系统,要按照全要素建设的思想,从优化系统要素结构入手,分析解决诸要素间的矛盾,增强各要素的相容性和互促性,形成军民一体化装备维修保障建设的合力。以维修保障主体建设为中心,针对维修保障客体特点,以维修保障工具连接二者,协调和引导全要素建设方向,在系统规划、确保一体、重点突破、逐步推进的基础上,实现诸要素间的优势互补,如图3-3所示。当前情况下,尤其要加大维修保障主体建设力度,补齐"短板弱项"。近年来,我军通过加大投入,建设维修保障工具建设上了一个大台阶,但相对而言,维修保障主体能力素质还在低层次徘徊,存在"散、小、弱"等诸多问题。鉴于维修保障主体在系统中所起的决定性作用,要强化维修保障主体培训力度,提高其能力素质。充分发挥军地教育培训资源的互补优势,研究建立军队院校、使用部队与承制单位相结合的装备维修保障人员培训体系和长效机制;进一步明确装备质保期内外承制单位的装备维修培训义务,研究制定军地维修保障人才引进办法,试行从地方承修企业特聘特招技术人员,以及军队技术官兵复转定向安置于地方承修企业制度;加快推行装备维修保障职业资格制度,借鉴国家有关职业资格制度的有益做法,对军地装备维修保障专业人员逐步实行统一的资格认证、持证上岗和定岗定责。

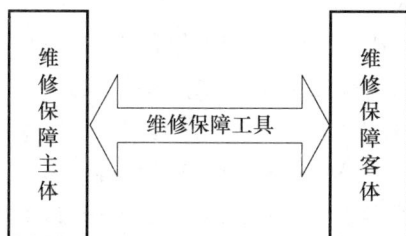

图3-3　军民一体化装备维修保障系统基本要素之间的关系

二、军民一体化装备维修保障系统的结构

结构是要素之间的秩序,它反映了各个要素之间的比例、顺序和结合方式。同其他运动系统一样,军民一体化装备维修保障系统有着自身的特殊结构。通常,军民一体化装备维修保障系统可分为军民一体化装备维修保障组织管理分系统和军民一体化装备维修作业体系两个分系统。它们都是在一定前提假设基础上,由军队维修保障系统和地方维修保障系统组建起来的,但又不等于军队维修保障系统和地方维修保障系统的简单相加。所以,我们在探寻军民一体化装备维修保障结构之前,有必要比较一下军队装备维修保障系统和地方装备维修保障系统的组织结构。

(一)军地装备维修保障组织结构比较

军队维修组织与地方维修组织在结构上往往存在较大不同。对于地方维修组织,通常可分为大、中、小型企业,规模不同,自身结构也各异。一般而言,从纵向看,企业可分为决策层、经理层、操作层;从横向看,由企业计划、生产、营销(物流)、售后服务、人力资源、后勤管理等构成。企业对自身行为一般有绝对的决策权,对组织运行绩效负全责,企业内部存在着普遍雇佣关系,经济关系是维系企业内部的基本关系。同时,由于市场竞争、企业规模等因素,企业结构与机制调整的灵活性一般较强。相比较于地方维修保障组织,军队维修保障组织具有明显的层次性,从总部到军兵种、军区、集团军(军)、师、旅(团)等一般都设有装备保障机关及相应部(分)队,就各层次间的关系而言,业务性强于指令性,而除总装备部外其他各层次的机构均直接隶属于相应级别的指挥机构,没有独立的人事权,没有独立的装备处置权,装备保障机构一般由保障机关及其分队构成,机关与相应分队有其直接的领导关系。军队装备保障机构间关系维系的基础是任务和使命。装备保障机构既是保障直接实施单位,也是保障研究和培训组织,但这种研究和培训强度、技术含量,从战略层到战术层逐次减弱。从业务上讲,装备维修组织的组成单元包括装备修理、器材供应、装备培训、装备管理等相应部分,同层次上相应组织之间的关系是协作关系。军队维修保障组织,作为直接为军事装备提供各种保障服务的现役力量,是军事系统的一个不可或缺的单元,其底层机构几乎与军队作战与训练系统融为一体,受军事系统的强制性限定和严重制约;而地方维修组织虽然是国防经济系统的微观单元,但是宏观经济系统对地方维修组织的作用相比较没有强制性,只有指导意义。

(二) 构建军民一体化装备维修保障系统结构的前提假设

由于构建军民一体化装备维修保障系统结构涉及军地多方利益,加之目前我国正处于由计划经济向市场经济转轨时期,使得构建设计工作非常复杂,急需相关理论的指导,尤其需要确立正确的军民一体化装备维修保障系统结构设计的前提假设。所谓军民一体化装备维修保障系统结构设计的前提假设,是军民一体化维修保障系统结构设计愿景、使命据以建立以及指导军民一体化装备维修保障系统结构形成的前提,是军民一体化装备维修保障系统结构倡导什么、反对什么的判断准则。前提假设是系统结构设计的依据,反映了军民一体化装备维修保障系统结构建立的信念基础与核心价值观,在系统结构中居于最基础、最核心的位置。探寻军民一体化装备维修保障系统结构设计的假设基础具有重要意义,有助于我们认清军队装备维修保障系统结构与军民一体化装备维修保障系统结构差别,自觉转变观念;有助于我们认清军队装备维修保障系统结构存在的深层次问题,增强装备维修保障改革的紧迫感;引导我们设计出符合我国国情的军民一体化装备维修保障系统结构,增强改革的针对性。

1. 准确把握军民一体化装备维修保障系统结构设计前提假设的科学内涵

从一般意义来看,影响装备维修保障系统结构设计的前提假设主要有以下四个方面:对维修保障主体人性善恶的假设、对维修保障主体行为模式的假设、对军方维修能力的假设和对装备维修保障系统的假设。军民一体化装备维修保障系统结构的前提假设是维修保障主体的人性有善有恶、维修保障主体行为主要体现为经济人模式、军方具有有限维修能力和装备维修保障系统是开放的多主体复杂适应系统。

(1)维修保障主体的人性有善有恶。由于维修保障主体人性的本原性与复杂性,使得对于维修保障主体人性的认识往往只能建立在假设的基础上。目前关于维修保障主体的人性有三种假设:人性本善、人性本恶、人性有善有恶。当前,我们潜意识中对军队维修保障主体和地方维修保障主体人性的前提假设是不同的。对军队维修保障主体而言,我们通常假设其人性本善,即认为他们能服从命令,听从指挥,不计成本,保质保量地完成维修任务。而对地方维修保障主体,我们却假设其人性本恶,认为他们在维修过程中会"偷工减料""唯利是图",担心在未来战场上"枪一响,他们便四散逃命",对运用他们存在"疑民""怕民""防民"意识。实际上,无论军队维修保障主体还是地方维修保障主体的人性都是有善有恶、时善时恶。军队维修保障主体除了善的一面,也有恶的一面,如存在虚报维修成本的可能;地方维修保障主体也不完全为"恶",也有善的一面。如有些地方维修企业非常重信誉,有些国有大中型军工企业的维修人员组织性、纪律性非常强,甚至有些地方私营企业主和自由职业者也富有爱国情怀。维修保障主体有善有恶的人性对外表现出复杂的人格。对于单个维修保障主体而言,其善恶表现可能会表里不一、前后不一,呈现出多重性;对于维修群体来说,也存在多重人格分布和动态变化的问题,同一维修企业在平时和战时的表现将不尽相同。军民一体化装备保障系统结构关于维修保障主体人性有善有恶的假设,既反对单纯的性善论,避免了对军队维修保障主体的理想化浪漫色彩,又反对单纯的性恶论,摆脱了贬低地方维修保障主体人性和弱化思想道德作用的阴影,更加贴近维修保障主体人性实际。

(2)维修保障主体行为主要为经济人模式。建立军民一体化装备维修保障系统的目的是为了规范维修保障主体行为,所以军民一体化装备维修保障系统结构一定要建立在对维修保障主体行为模式的准确把握上。如果系统结构的设计与维修保障主体的行为模式纯然对立或者大相径庭,那么这一装备维修保障系统结构必然是无效的。就理论抽象和经验观察来看,维修保障主体的行为模式大致体现为经济人模式、政治人模式和道德人模式三种。经济人的行为假设是指维修保障主体的行为总是从经济的角度出发,其典型表现为自利和追求利益最大化。穆勒最早把经济人定义为"会计算,有创造性,能寻求自身利益最大化的人"。政治人的行为假设是指维修保障主体追求政治利益,或通过政治手段来影响政治行为,迫使当政者颁布有利于装备维修利益集团的政策法规。道德人的行为假设是指维修保障主体具有甘于牺牲奉献的利他行为。军民一体化装备维修保障系统结构假设维修保障主体行为主要是经济人模式,但有时也有政治人和道德人行为。换句话说,维修保障主体特别是地方维修保障主体,主要是出于自身经济利益考虑才实施维修行为的。当经济利益得到满足的前提下,也会有寻求政治利益和利他行为;当利益诉求发生冲突时,维修保障主体更多的时候是想方设法维护或扩大自身经济利益。而且在信息不对称及充满不确定性的交易环境中,经济人就会利用信息优势谋求经济利益的最大化。在计划经济条件下,装备维修保障系统结构假设维修保障主体行为是道德人模式,认为维修保障主体为了共同利益能够自愿牺牲局部利益和个人利益。显而易见,计划经济条件下,装备维修保障系统结构以道德人模式的前提假设过于理想化,军民一体化装备维修保障系统结构以经济人模式为主的前提假设,较之更符合实际。

(3)军方具有有限的装备维修保障能力。军方在装备维修保障方面的能力假设可分为两种,一种是军方的维修能力是绝对无限的,应该也能够修好所有装备;还有一种认为军队修理能力是有限的,只具有对部分装备的修理能力或装备的部分修理能力。军民一体化装备维修保障系统结构的前提假设是军方具有有限的装备维修保障能力。而军队装备维修系统结构则默认为军方具有无限的装备维修保障能力。军队装备维修系统结构固然有从军事角度的考虑,担心交予地方修理无法确保装备的战备完好率,但却违背了装备维修的自身规律。实际上,由于受知识、时间与条件的局限,特别是由于军方不直接参与装备"前半生"的研制生产,进而在装备"后半生"的维修中,军方是存在"先天不足"的,只具有有限的维修能力。即使随着科学技术和维修条件的改善,军队维修能力会有所增长,但是武器装备复杂程度也在不断增加,军队维修保障主体的维修能力增长相对于武器装备复杂性增加,可能出现滞后、基本适应或超前三种情况。在实际中,军队维修保障主体维修能力增长滞后于武器装备复杂性增加的情形将占很大比重。当前,新装备列装部队后,军方长期不能形成大中修能力就是最好的例证。所以,军民一体化装备维修保障系统结构假设军方具有有限的装备维修保障能力,更合乎实际。

(4)装备维修保障系统是开放的多主体复杂适应系统。关于对装备维修保障系统的认识,存在简单机器论和复杂系统论两种前提假设。计划经济条件下装备维修保障系统被认为是单一主体封闭简单系统,将装备维修系统类比为一部机器,在统一的指令下运转,维修保障主体则被视为机器的零部件。而军民一体化装备维修保障系统则被认为是一个开放的、多主体复杂适应系统。军队维修系统与地方维修系统之间、维修系统与外部环境之间相互进行着物质、能量和信息的交换。装备维修保障系统不仅包含着多主体、多元利益、多重利益、多种价值观、复杂人格、多重人格、可变人格、有限理性，而且表现为这些因素相互关联和互动。它们相互作用，在改变环境的同时自身也发生着变化。

2. 需要注意把握的几个问题

通过分析我们可以看出，军民一体化装备维修保障系统结构的前提假设较之军队装备维修保障系统结构前提假设更加接近实际。对装备维修保障体制进行改革，实际上就是将维修保障系统结构朝着正视新的前提假设方向上的修正。依据这些前提假设，在军民一体化装备维修保障系统结构设计时应注意把握以下几个方面：

（1）在注重制度约束同时，加强思想道德引导。基于对维修保障主体人性有善有恶的假设，我们得知无论军队维修保障主体还是地方维修保障主体，既可能保质保量地完成维修任务，也可能为个人或小团体利益损害国家利益。为此，在军民一体化装备维修保障系统结构设计时，一方面要发挥制度约束作用，利用健全的制度，严格的奖惩，防止和避免维修保障主体人性"恶"的表现；另一方面要注重思想道德的引领作用，激发维修保障主体人性"善"的一面。具体地说，第一，要完善监督机制。要成立装备维修保障监督管理机构，制定监督配套法规，注重对维修保障主体维修行为的监督，真正把监督作为防范维修保障主体多重人格，防止违法违纪行为的重要保证。第二，要加大奖惩力度。发挥装备维修价格管理与合同激励措施的经济杠杆作用，在维修成本补偿、利润浮动、风险分担上，尽快与市场经济接轨。在维修合同规范内容中，可考虑充实国防知识产权、价款等双向激励条款，规定奖励办法，严格考核、严密奖惩，并将维修合同履约情况作为资格认证审查时的重要依据。要会同法律制定部门，修订刑法、合同法等相关法律法规，对违反军事装备维修合同，特别是违反战时维修合同的行为加大处理力度，使其畏之不敢犯"恶"。第三，要强化精神激励作用。发扬我军政治思想工作的特有优势，强化国防理念的灌输和教育，培养军队和民众的国防意识，增强军地装备维修保障主体的凝聚力，营造良好的军民一体化装备维修保障文化氛围，使人人向"善"。

（2）树立军地共赢思维，正确处理改革中的各种利益关系。维修保障主体行为是主要为经济人模式的前提假设告诉我们，在军民一体化装备维修保障改革中，不能忌讳言"利"，要树立军地共赢思维，正确处理各方的利益关系。与经济、政治改革一样，军民一体化装备维修保障改革也是一种利益调整。它的动力和阻力都与利益相关。只有正确地处理好改革中的各种利益关系，才能使改革健康发展。这就要求军民一体化装备维修保障改革的谋划者和组织者:第一,设法使大多数维修保障主体能够在改革中受益。要树立军地共赢思维,正视和尊重各维修保障主体的正当利益,设法使大多数参与军民一体化装备维修保障的维修保障主体在改革中受益。第二,敢于触动少数人的既得利益。由于军民一体化装备维修保障改革要对维修系统进行结构性调整,或是裁撤,或是归并,不可避免地触动到其中一部分人的既得利益,他们会反对军民一体化装备维修系统结构改革。有些维修保障主体在改革初期是获利的,但随着改革的深入,可能会失去既得利益,这时他们会希望维持现状,反对进一步深入改革。在这种情况下,为了确保实现改革的预定目标,要十分坚决地坚持进行改革,决不可不敢正面触动既得利益者,而使改革半途而废。第三,要灵活运用利益补偿手段。灵活运用利益补偿,有助于减轻既得利益者对军民一体化装备维修保障改革的反对。在进行利益补偿时,要首先对维修保障主体利益从经济人、政治人和道德人角度进行分类,然后再相应给予补偿。

(3)在确保军方掌握核心维修能力的前提下,建立多样化的军民一体化装备维修保障模式。军方在装备维修方面的有限性前提假设告诉我们,军方应主动从"不该军队修""军队修不了""军队修不好"的装备维修领域中退出来。当然,这种退出不是军方在装备维修领域的完全退出,而是要在确保军方掌握核心维修保障能力前提下,将其他非核心的装备维修保障任务交由地方修理。具体地说,军队建制维修力量主要承担军事装备平时日常维护保养、常见故障排除、中小修以及某些相对简单且配备数量较多装备的大修、战时装备战场抢修等。非建制的地方维修力量主要适宜完成平时某些配备数量较少且技术特别复杂的装备,以及当地市场易于得到的军民通用装备的大修和部分中修;在作战任务中,主要通过提供备件和维修设备、提供技术咨询等方式支援部队维修保障;在非战争军事任务中完成部队无力解决的维修保障任务。军民一体化装备维修保障具体模式可按照装备的不同类型、不同使用阶段和不同保障需求,采取军地联合保障、合同商保障、社会化保障或第三方售后服务保障等多样化的军民一体化装备维修保障模式。

(4)坚持"自组织"与"他组织"相结合,走有中国特色的装备维修系统结构改革之路。计划经济条件下的对装备维修系统简单机械论的前提假设,过分注重系统的"他组织力",严重束缚了装备维修的"自组织力"。装备维修保障系统结构改革,就是要解放装备维修的"自组织力",实现装备维修"自组织"与"他组织"的结合。要允许部分装备使用单位直接与地方维修单位联系自主开展维修活动,充分运用市场这只"看不见的手"完成配置维修资源的作用。另外,要自觉运用复杂系统理论指导军民一体化装备维修系统结构改革。由于我国装备维修系统结构改革与西方国家的起点和路径不同,改革的模式将大相径庭。西方国家装备合同商保障制度是建立在国家较为完善的市场经济系统结构和法律法规体系之上的,其合同商保障改革走的是一条"近程自组织"之路。改革许多问题一般局限于企业或军方装备管理层,问题解决的方案大多只是在原来基础上做出部分修正,故新的方案相对来说易于想象、易于设计、易于理解、易于推行。与西方国家相比,我们军民一体化装备维修保障走的是一条独特的"远程他组织"发展道路。一方面,我们可以借鉴西方国家在装备合同商保障改革中的经验教训,不必再重复它们走过的老路;另一方面,我们要建立的军民一体化装备维修保障的环境背景是计划经济系统结构向市场经济系统结构过渡过程中,市场发育不完善,维修保障主体缺乏市场运作经验、知识和观念,所以只能由政府和军队高层对其进行设计、推行并控制实施。由于在较短的时期内要跨越西方国家发展的几个阶段,西方合同商保障不同发展阶段的问题可能会同时涌现。因此,我军的军民一体化装备维修系统结构改革的目标模式和实施方案,就具有难以想定、难以细化、难以理解、难以推行的远程特性。因此,我们要坚持走有中国特色的装备维修保障系统结构改革之路,不可照抄照搬西方国家合同商保障模式。

(三)军民一体化装备维修保障的组织管理结构

按照集中统一领导、各级分工合理、职责任务清晰的原则,建立"三纵两横一支撑"的军民一体化装备维修保障组织管理系统结构,如图3-4所示。"三纵"指体系在纵向上由宏观决策层、中观协调层和微观执行层组成,"两横"指各层次都包括军队装备系统和国防科技工业系统两部分,"一支撑"指以评价研究机构和专家咨询机构为支撑。

(1)建立宏观决策机构。成立国务院、中央军委军民一体化装备维修保障领导小组(以下简称领导小组),组长由总装备部分管装备维修的副部长兼任,副组长由国家工信部副部长兼任。成员单位由四总部、国家有关部委(局)组成,负责制定方针政策,决策重大问题,指导监督全面工作。领导小组在总装备部和国家工信部设专职办公室,办公室在领导小组领导下,承办领导小组日常事务。主要职责:具体承办军民一体化装备维修保障政策和法规的拟制工作;参与全军装备维修保障建设规划计划制定,协调有关事宜;具体负责与国家相关部门的沟通协调工作;组织开展地方承修单位资格审查工作;承办涉及地方维修的重大合同报批有关工作等。

(2)组建中观协调机构。各军兵种装备部和总部分管有关装备的部门在现编管理机构的基础上,调整组建相应专职办公室,在全国军民一体化装备维修保障工作专项管理办公室指导下,归口管理分管装备的军民一体化装备维修保障

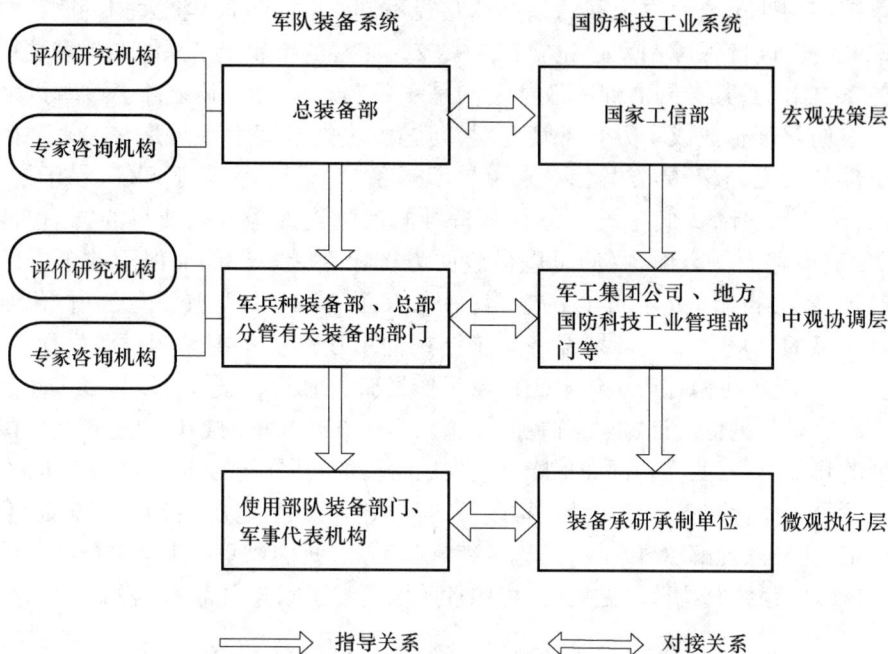

图 3-4 军民一体化装备维修保障组织管理系统结构

工作。主要职责:参与分管装备维修保障建设规划计划拟制,协调有关事宜;拟制相关规章制度;会同有关单位拟制涉及地方维修的有关经费标准,审核有关经费结算;负责与相关军工集团公司等单位的沟通协调工作等。军工集团公司、省级政府国防科技工业管理部门设立相应专职协调机构,负责本系统、本地区军民一体化维修保障的计划对接、任务协调和人才队伍建设。

(3)建立微观执行机构。建立由作战部队装备部门与军事代表机构、装备承研承制单位和地方民用相关企业组成的军民武器装备维修保障执行机构,负责平时和战时的军民一体化装备维修保障,落实装备维修保障合同内容,并对维修保障的效果和质量进行评估。具体负责装备保障合同的管理工作,主要包括对合同履行情况进行实时监督管理,对装备保障合同执行进度进行监督、控制,确保装备保障服务的高质量以保证装备处于良好的战技水平。装备使用单位按专业对口原则指派合同履行监管人员,配合上级监督机构进行监督管理,主要负责监督合同内容的执行、报告合同履行情况、监督合同完成时限,协调部队与承包方保障人员关系。

(4)建立评价研究机构。调整组建总部级和军兵种级的军民一体化装备维修保障管理研究中心。在全军和各军兵种军民一体化装备维修保障工作专项管理办公室领导下开展有关论证评价工作。主要职责：对军民一体化装备维修保障的构建、能力建设，及重大合同订立履行等评价；承担相关发展战略、规划计划、政策法规等的综合论证工作；协助机关指导军民一体化装备维修保障业务建设，具体承办地方承修单位资格审查和军民一体化装备维修保障信息系统建设工作等。

（5）建立专家咨询机构。在总部层和军兵种层建立评价研究机构和专家咨询机构，遴选总部、军兵种装备机关、有关院校和科研单位，地方有关部门、军工集团公司和装备承制单位的专家组成军民一体化装备维修保障专家咨询组。专家组受领导小组委托，在工作中主要履行下列职责：研究军民一体化装备维修保障建设工作的方向重点、主要内容等全局性问题，提供决策咨询服务；研究制约军民一体化装备维修保障建设的重点难点理论问题和现实性问题，提出解决问题的方案设想和意见建议；开展相关政策、法规、制度和标准建设研究，提出建设方案和措施，协助领导小组做好相关法规制度的制定、修订工作；协助领导小组和领导小组办公室，加强重大事项和关键节点的监督检查和评价评估，提出检查和评估意见；协助领导小组和领导小组办公室，对军民一体化装备维修保障建设工作中的有关咨询、质疑和投诉等问题提出处理意见和建议；开展学术经验研讨交流和调研观摩，及时跟踪研究国内外军民一体化装备维修保障工作发展动态和重点，提出建设意见和建议；负责组织制定军民通用标准，完善军民通用标准体系，加强军用标准化机构与民用标准化机构的沟通与协调，促进军用标准与民用标准的有机融合；完成首长和领导小组交办的其他相关研究工作。

（四）军民一体化装备维修作业体系结构

军民一体化装备维修作业体系是在现行的军队装备维修作业体系基础上，充实补充地方维修保障力量建立的。除包括现行的军队总部、军种、军区和军以下部队所属的修理厂（站）或修理分队及各级部队编设的修理分队，还包括军工集团公司、装备承研承制单位、非装备承研承制单位等地方装备修理力量构成。军民一体化装备维修作业体系要建立完善新型三级（基地级、中继级、基层级）、两级（基地级、基层级）和一级（基地级）相结合的装备维修作业体系。在军民一体化装备维修保障中，由于各级维修等级担负的任务、所处的环境、使用的手段等诸多方面的不同，导致各级维修等级军队维修保障力量和地方保障力量比例成分是不同的。通常情况下，军民一体化装备维修作业体系为"基层级军队自主、中继级军主民辅、基地级军民统筹"。

1. 军队自主的基层级维修保障

基层级维修是指团以下部队装备维修保障机构或者使用人员进行的装备维

修保障,主要承担装备的维护、技术检查、小修、保管、封存、技术管理和维修器材筹措与供应,以及战时装备维修保障等任务。由于基层级维修紧贴装备作战使用,具有较强的综合性和时效性要求,通常在装备使用原地野战条件下完成,使用便携式的修理机工具,不适合地方保障力量参与。基层级维修通常要由军队完全自主完成。

2. 军主民辅的中继级维修保障

中继级维修是指军、师(旅)修理分队和仓储机构,军区直属修理所、航空兵部队修理厂、海军部队修理所、第二炮兵基地修配厂等装备维修保障机构进行的装备维修保障,主要承担装备中修、部(附)件修理和部队巡回修理、计量与检测、保管与维护、维修器材筹措与供应,以及战时装备抢修和供应保障等任务。由于中继级维修介于基层级和基地级之间,所担负的任务既有返厂修理又有支前保障,既有定点保障又有机动保障,在中继级维修保障中,军队修理力量要居于主体地位,地方维修保障力量作为辅助和补充力量,根据需要配属为中继级修理力量。

3. 军民统筹的基地级维修保障

后方基地级维修是指总部、军兵种、军区所属各类装备修理工厂和仓储机构,以及地方装备承研承制单位进行的装备维修保障,主要承担装备大修、改装、零部件制造与修理、计量与检测、保管与维护、维修器材筹措与供应,以及平时和战时支援保障等任务。基地级维修一般拥有大型设施、配套的设备、雄厚的专业技术力量、较强的维修生产能力、稳定的工作环境,是彻底恢复战损装备的骨干力量,也是零配件的生产基地,在修理力量中起着支柱和后盾作用。所以,在基地级维修保障中采用"军地统筹"的方式,在确保军队具有核心保障能力的前提下,适量吸纳地方保障力量参与维修。

三、军民一体化装备维修保障的功能

军民一体化装备维修保障的功能,又称军民一体化装备维修保障的作用,它体现了军民一体化装备维修保障系统作为社会大系统中的一个子系统和整体的密切关系。军民一体化装备维修保障系统是由军队装备维修保障系统在各要素质变的基础上,实现了结构优化重组而演变而来的,系统整体的效能得到了新的跃升。在比较军地维修保障系统各自功能的基础上,探讨和阐述军民一体化装备维修保障的功能,对于进一步提高人们对军民一体化装备维修保障地位和作用的认识,推进军民一体化装备维修保障建设,有着十分重要的意义。

（一）军地维修保障系统功能比较

军地维修保障系统功能上的相似性是综合运用军地维修保障力量的前提，功能上的差异是军地维修保障组织功能互补的基础，实现功能的有效耦合则是军民一体化装备维修保障系统构建的关键性目标之一。

作为为装备提供维修保障的系统，军队维修保障系统与地方维修保障系统在保障功能上具有相似性：都能为军队行动提供装备维修保障，都能实现保障需求与保障资源、保障技术、保障人员的有机结合，最后按要求完成相应的维修保障任务，都强调保障效能的提升和用户满意度等。

军地维修保障系统功能上的差异：①作为市场中竞争的实体，地方维修组织的功能发挥，要受其以利润为主要目的的支配，表现为从环境中积极主动地获取资源和信息，产出各种服务，并以此获利。而军队维修保障组织，作为军事系统的一个子系统，保障需求的满足是其唯一的目的性，除此则没有其他的目的性。②地方维修保障组织的发展具有其内在的主动性，即它可以为了追逐利益而无限制地增长下去，也可能由于亏损而逐步退出市场，而军队维修组织的存在和发展完全取决于军队整体组织发展的需要，不具备这种主动性。③地方维修组织所提供的维修服务对象既可能是军队，也可能是地方其他组织，保障需求的来源具有多样性，而军队维修保障组织提供维修服务的对象只能是军事部门，保障需求来源单一。④地方维修保障组织功能实现途径是通过利用自身的资本和技术优势，将保障需求与社会资源的有效结合，产生满足需求的产品或服务，组织成长和获利水平是其功能的重要体现，而军队维修保障组织的功能就是通过内部的协作，将国防资源与需求信息相结合，产生满足需求的产品或服务，满足的程度和水平则是军队维修保障组织的主要能力表现。⑤由于装备的研制、生产和先期服务总体上由地方完成，更由于先进维修技术往往由地方向军队转移，维修设备由地方维修组织直接或间接提供，从而在先进维修技能的掌握上，地方维修组织比军队保障组织更有优势。目前，军队维修组织的最初能力是通过装备承研承制单位与军队合作形成的，而且装备生产企业起着举足轻重的作用。⑥由于构成及结构上的差异，在战时、关键时节的装备维修保障任务往往只能由受专门作战技能训练的军队维修保障组织来承担，或以他们为主导完成。

（二）军民一体化装备维修保障系统的功能

军民一体化装备维修保障系统的功能除具备军队装备维修系统和地方装备维修系统各自功能外，还在两者功能基础上实现功能耦合，产生军地装备维修系统所不具备的新的功能。

1. 转变生成模式，促进维修保障能力形成和提升

装备维修保障能力生成模式关系维修保障能力形成的速度和效益。以往维修保障能力生成模式通常在装备配发部队以后，一般以军方为主，自主形成装备维修能力。应该说，这种维修保障能力生成模式对于技术含量不太高的一、二代装备是适用的。但随着三、四代装备广泛配发部队，装备的技术复杂程度呈指数型增长，这种维修能力生成模式形成维修能力周期过长等局限性越来越突出地表现出来。这主要由于军方在装备"前半生"不涉及装备的研制生产，在装备"后半生"凭军方自身力量形成装备维修能力存在"先天不足"，加之装备研制阶段维修性、保障性、测试性设计不足，全寿命数据工程建设不够，造成军队维修能力生成效率不高、生成周期过长等问题。推行军民一体化装备维修保障，承认地方力量在维修保障中的合法地位，由单纯依靠军方自行形成保障能力转变为借助装备研制生产单位的人才优势、技术优势、资源优势，军地协作形成维修保障能力，缩短装备维修能力形成周期，促进装备维修保障能力提升。

2. 统筹保障资源，提高维修保障效益

实施军民一体化装备维修保障，能够从国家层面宏观统筹装备维修保障的规划计划，综合利用军地维修资源，灵活采取多样化的保障模式，进一步提高维修保障的效益。根据军队现代化建设和军事斗争准备对装备建设的总需求，军地之间、各军兵种之间通过系统论证和综合评估，统一制定军民一体化装备维修保障建设总体规划和实施计划，从顶层设计上把军队维修保障与地方保障建设衔接统一起来，把经济布局调整与维修布局完善结合起来，避免重复建设，提高资源的利用率。另外，实施军民一体化装备维修保障，装备承研承制单位通过参与装备维修保障，可以了解装备的薄弱环节和故障特性，进而促进其改进装备设计、研制和生产，通过装备的"优育"反过来促进"优生"，提高装备综合保障效益。特别是当前情况下，推进军民一体化装备维修保障工作是提高我国国防经济效益，避免重复投资和浪费的现实选择。在"十五"期间，为按规定时间节点形成反台独应急作战能力，大批高技术装备集中交付部队。这在大幅度提高部队作战能力的同时，也对装备维修保障提出了更高的要求。这些新配发的装备有相当一部分是承研承制单位在"边研制、边生产、边装备部队"的"三边"满负荷运转状态下生产出来的，其产品质量受到一定影响。在"十二五"期间，这些装备陆续进入大修期，急需形成大修能力。一方面，由于这些装备结构复杂、系统性强，对维修人才素质和设施设备水平要求高，致使装备保障建设的周期长、投资大，完全依靠部队自身形成保障能力非常困难；另一方面，各军工企业为了完成应急生产任务，投入了大量科研生产资金，这其中相当一部分作为沉淀成本被固化下来。近两年随着应急生产任务地完成，军品批生产任务急剧下降，军工

企业可持续发展面临严重挑战。如果不能妥善利用现已形成的科研生产能力，势必造成大量沉淀成本的浪费。采取军民一体化维修保障，利用承研承制单位现已形成的科研生产能力从事装备维修，则可发挥人才储备充分、设施设备配套的优势，不需要花费巨大投入，即可形成维修保障能力。

第四章 军民一体化装备维修
保障的外部环境

军民一体化装备维修保障的社会性,决定它作为社会存在的一种现象,在发展过程中必然地同外部环境发生联系,并受经济、政治、科技、文化等外部环境的影响和制约。它们有时平和地、有时激烈地、有时单独地、有时交织地作用于军民一体化装备维修保障。军民一体化装备维修保障的产生和发展,就是装备维修保障系统不断适应外部环境而调整结构功能的过程。

一、军民一体化装备维修保障与经济

军民一体化装备维修保障是一项经济性很强的军事活动,它必然受国家经济的影响和制约。经济对军民一体化装备维修保障建设的制约既是全方位的,也是根本性的。

(一)国家经济实力是军民一体化装备维修保障赖以进行的物质
基础

构建军民一体化装备维修保障系统,需要充足的物质基础作保障。按照马克思的观点,国防建设自身所需的生产资料和消费资料,只能来源于国民经济部门。国家经济实力是由包括农业、工业、商业、建筑业以及交通运输业等部门在一定时期内,通过社会生产活动及对自然资源开发,所获得的物质资料、生产资料和消费资料的总和。经过六十多年的发展,我国经济建设取得了举世瞩目的巨大成就,特别是改革开放以来,我国经济基础日益雄厚,综合国力日益增强。如"十一五"前4年,我国国内生产总值的平均增长速度达到11.4%,比世界同期水平快8.2%。2002年,我国GDP首次突破10万亿元大关,2006年达到20万亿元,2008年突破30万亿元大关,短短6年实现了历史性跨越。2009年我国GDP总量超过德国,世界排名第三,2010年我国GDP总量又超过日本,世界排名第二位。2011年,人均GDP已经超过3700美元,迈入中等收入国家的行列。2009年末,我国外汇储备2.4万亿美元,居世界各国首位,外贸进出口总额为22072.7亿美元,出口额上升至世界第一位。这些为军民一体化装备维修保障提供了雄厚的财力支持。另外,经济建设可以为军民一体化装备维修保障提供人力技术基础。目前,我国一些地方通用装备生产维修企业在产业规模、技术力量、工艺水平方面都取得了长足进步。据不完全统计,全国有汽车厂家22万家之多,仅河北省二级以上汽车维修企业就达2500余家,综合性汽车检测站112家。这些汽车维修厂分布面广、功能齐全、技术精湛、服务周到,他们的技术和设施平时可以为军队所用,战时也可以为军队提供强有力的装备保障,从而为军民一体化维修保障奠定了人力技术基础。

(二)经济结构制约军民一体化装备维修保障的结构和布局

从资源配置和生产力要素构成角度考察,经济结构是指资源和生产要素在国民经济中的分布和构成情况,主要包括产业结构、生产力布局结构、技术结构、就业结构、劳动力结构、投资结构。一方面,国民经济的产业结构水平决定着武器装备的生产,进而也决定了装备保障军民一体化的水平。装备维修保障说到底是由武器装备发展状况决定的,而武器装备的生产是以整个国民经济为基础的,受到矿产冶金、装备制造、能源化工、电子信息等产业发展的制约。正如恩格斯说:"武器的生产又以整个生产为基础,因而是以'经济力量',以'经济状况',以所拥有的物质资料为基础的。"所以,有什么样的生产水平,就能生产出什么样的武器装备。一定时期内,可用于军民一体化装备维修保障的资源,总体上是由现有的经济结构决定的。因而,军民一体化装备维修保障建设结构的形态,不能超越国民经济结构所提供的物质基础。一个产业结构较为单一的国家,纵有巨大财富,其军事装备也通常依赖于他人,也就谈不上搞军民一体化装备维修保障了。例如,中东一些国家的经济结构主要是以石油产业为支撑,虽然国民收入很高,但经济结构不合理,工业基础非常薄弱,战争所需的军事装备和物资不能自给自足,绝大多数军事装备依靠国外进口,再加上科学技术水平有限,国防力量比较薄弱,造成实施军民一体化装备维修保障的难度很大。另一方面,经济结构的地区分布性特征是军民一体化装备维修保障合理布局的客观基础。这种特征表现在地区产业部门的比例上,反映了地区经济条件发展的差异。例如,以能源、重工业、机器制造业等为主要经济部门的地区,现代化大型企业较为集中,有利于军民一体化装备维修保障能力的形成和储备。反之,以农牧业为主的经济地区,发展水平通常低于以工业为主要经济的地区,对军民一体化装备维修保障建设所能提供的人力、物力、财力资源也相对有限。另外,经济结构表现在科技力量密集度上,反映了不同经济地区的实力、发展水平和发展潜力。科技力量密集的地区通常是发达地区,也是军民一体化装备维修保障建设布局需要重点关注的地区。

（三）经济利益原则深刻影响军民一体化装备维修保障的调控手段与方法

在计划经济条件下,因为经济的运作以政府为中心,国家对经济活动实行直接的计划管理,所以军民一体化装备维修保障建设与实施所需人力、物力、财力都由国家通过行政指令统一调配使用,与动员资源单位的经济利益不直接挂钩,军民一体化装备维修保障活动的调节手段主要是政府的计划和行政指令。在市场经济条件下,改变了原有计划经济条件下的社会规范和运行机制,导致各种社会关系和利益重新排列组合,深刻影响和改变着社会成员的观念和行为习惯。一般来说,市场经济条件下军民一体化装备维修保障面临着四大矛盾:军民一体化装备维修保障建设的统一性与市场经济主体相对独立的矛盾、军民一体化装备维修保障建设的计划性与社会资源配置相对自由的矛盾、军民一体化装备维修保障的义务性与经济利益原则吸引力的矛盾、军民一体化装备维修保障建设的非均衡性与国民待遇的公平性原则的矛盾。显然,在市场经济条件下,沿用计划经济以行政手段调节为主的观念和做法必然受到制约,必须正确地调整、规范和运用物质利益促进军民一体化装备维修保障建设的健康发展。

二、军民一体化装备维修保障与科技

科学技术对战争的影响突出表现在推动武器装备的发展,激发军事变革的产生,促使战争形态的转变。装备维修保障是作战行动的重要组成部分,因此,它的发展也受到科学技术的影响和推动,伴随着科学技术的进步,装备维修保障的地位、领域、手段都会不断向前发展。同时,装备维修保障实践的发展,又从军事需求的角度反作用于科学技术,不断推动科学技术的进步。

（一）科学技术是军民一体化装备维修保障产生和发展的必要前提

科学技术是人类在一定时期对自然界的认知方法和改造手段,它奠定了人类文明的物质基础,并推动着人类文明不断向前发展。马克思主义认为:"暴力不是单纯的意志行为,它要求促使意志行为非常现实的前提,特别是工具,其中较完善战胜不完善的;其次,这些工具必然是生产出来的,同时也可以说,较完善的暴力工具即一般所说的武器生产者,战胜较不完善的暴力工具的生产者。"由此不难看出,不同时代的科学技术发展水平,创造了与之相适应的装备维修保障所需的物质基础,装备维修保障只能充分利用这些物质技术条件,而不能超越它。随着高新技术的加速发展,使现代武器装备的技术含量和技术附加值不断提高,武器装备发展的高技术化已经在世界范围内形成一种普遍的趋势。科学技术的加速发展导致武器装备更新换代速度大大加快,结构功能日趋复杂,对装备维修保障不断提出新的更高的要求,使得原来依靠军队自主形成维修保障能力的模式越来越不适应科学技术加速发展的需要,迫切要求转变维修保障能力生成模式,充分利用装备承研承制单位的人才优势、技术优势,加速形成维修保障能力。同时,军民一体化装备维修保障对科技具有反作用。军民一体化装备维修保障作为一种特殊的保障行动,在享受科学技术成果的同时,也对科学技术的发展具有一定的刺激作用。在不同的时期,为了赢得战争的需要,军民一体化装备维修保障对科学技术提出自己的需求,促进科学技术的发展。就如马克思早就指出的那样:"大规模运用机器也是在军队里首先开始的。甚至金属的特殊价值和它作为货币的用途,看来最初也是以它在军事上的作用作为基础的。"科学学的奠基人贝尔纳曾在他的著作《科学的社会功能》一书中写道:科学与战争一直是极其密切地联系着,大部分重要的技术和科学进展是军队的需要所直接促成的。

(二) 军民一体化装备维修保障手段的改进有赖于科技创新

军事领域是科学技术应用最快捷、最全面和最深入的领域,先进的科学技术总是率先应用于军事领域。技术不但决定战术,也决定着军民一体化装备维修保障的手段。军民一体化装备维修保障手段,即装备维修的设备、工具、器材以及方法、措施都随着科学技术的进步不断丰富和发展,呈现出多样化、机动化、智能化等趋势。另外,军民科技的梯度发展为维修保障技术进步提供了支撑。作为科学技术分支的保障技术必须以相关的军事技术和一般科学技术为基础,它的发展离不开相关技术的协同和配合,离不开作为基础的科学理论研究的支持和指导。只有当维修技术与军事技术,乃至一般科学技术之间形成一个合理的梯度配置时,装备维修技术的发展才能获得源源不断的力量。美国科技水平整体较高,军民技术发展比较平衡,该国的装备保障的军民一体化程度就比较高。相反,如果国内科学水平与维修技术发展不同步,无法提供相关技术保证时,仅靠向先进国家购买,可能造成灾难性后果。

三、军民一体化装备维修保障与政治

一般来说,政治环境主要包括政策、体制、社会制度、政党制度、社会风貌、社会意识形态、政治局势和法律等。政治从多方面左右着军民一体化装备维修保障的方向和进程。从制度、理论、路线、方针、政策等方面,决定军民一体化装备维修保障系统的性质和方向,影响军民一体化装备维修保障系统的结构组成,左右军民一体化装备维修保障系统的方针和政策。脱离政治的军民一体化装备维修保障系统的是不存在的。政治作用于军民一体化装备维修保障系统的途径和方式可以细分为以下几个主要方面。

(一)国家组织制度影响军民一体化装备维修保障体制

军队体制是国家组织制度的重要组成部分,军民一体化装备维修保障体制是军队体制的重要组成部分。国家的组织制度将在军民一体化装备维修保障体制中有所反映。目前世界上基本形成了两种具有代表性的装备保障组织体制模式:一种是以前苏军为代表的装备技术保障系统;另一种是以美军为代表的装备维修与供应相结合的保障体制。这是由于第二次世界大战后,世界形成了以美苏两国为领导的两极政治格局,分属两极体制的国家,其装备保障体制也不可避免地打上了美军或前苏军的烙印。英、法、德、日等属于西方国家的军队,大多采用美军的装备维修和供应一体的综合保障的体制模式;东欧的社会主义国家军队,大多采用前苏军的装备技术保障体制模式。

(二)利益集团的博弈决定军民一体化改革的进程

军民一体化装备维修保障改革的进程很大程度上取决于与军队、政府、军工集团之间的博弈。这是因为改革是一种利益调整,各利益集团之间的相互博弈直接影响军民一体化装备维修保障系统发展的规模、范围、速度、途径。目前,军方和军工集团之间对于军民一体化装备维修保障的认识差异较大。装备承研承制单位认为自身具有技术和资源的先天优势,高等级修理任务应交由其承担;军队从满足战备训练需求,规避潜在风险出发,更希望形成自主保障能力。军民一体化装备维修保障改革的过程是军队与军工企业之间博弈的过程。在这其中,军工企业拥有器材备件生产权,同时负责装备的前期研制生产,具有这方面的信息优势和资源设备优势;军队拥有装备使用权,对装备使用状况比较熟悉。军地各自的权力边界决定各个权力主体的资源配置范围。当装备生产订单不足的情况下,军工企业利用其所拥有的器材备件生产权,向军方争取更多的"维修权",以期获得更多的利润。实际上,装备维修市场本身并不配置资源,资源配置是在市场背后由各个利益主体凭借自己的权力通过博弈达成制度而完成的,市场是检验各个利益主体凭借自己权力配置资源效率的机制。市场价格只发挥一种中介的作用,真正配置资源的核心因素是市场上各利益主体的权力,市场只不过是对制度的一种决定制度的供给,不同权力主体博弈的表现形式便是市场的制度。可以预测,在军民一体化装备维修保障改革的初始阶段,随着放权,军工企业等地方维修保障主体逐渐形成和成长,装备维修将形成军队、军工企业、地方修理机构共同参与的多元化权力格局结构,各利益集团之间放权、争权和越权并存的博弈特点更为复杂,也更有挑战性。所以,未来军民一体化装备维修保障改革应该更加注意各种权力安排的均衡,避免出现权力结构出现严重失衡,才能保证制度变迁的和谐性,保持维修持续、稳定的增长。

(三)政治稳定影响军民一体化装备维修保障

军民一体化装备维修保障的发展需要一个稳定的政治环境。所谓政治稳定,是指政权稳定、政策稳定、社会安定等,其中最基本的是政权稳定。政治决定军民一体化装备维修保障的发展主要体现在对军民一体化维修保障的方针、政策的决定。维修保障管理活动总是按照国家确定的方针、政策进行的,如果国家政策摇摆不定,或朝令夕改,军民一体化装备维修保障就会失去方向,多走弯路,甚至出现曲折反复。另外,领导人的决心影响军民一体化装备维修保障的进程。军民一体化装备维修保障改革涉及利益调整,存在风险。虽然军民一体化是装备维修发展的方向和趋势,但在具体操作时,如何正确把握改革的进度和强度,需要领导者高超的领导艺术。特别是在当前,在保证我军维修保障能力持续稳定增长的前提下,在我军维修保障"摊子"铺得很大的现实条件下,如何推进军民一体化改革,需要领导者、决策者下很大决心,也要担一定的风险。如果决策者优柔寡断,当断不断,就会延误改革的时机,使改革受挫。

(四)法规制度是军民一体化装备维修保障理性、长效发展的根本保证

法规制度是相对稳定的规范体系,是由长期经济社会发展的历史积淀形成,并成为公共意识:一方面它是人们社会行为和社会关系普遍规律的反映,是一定社会人们行为和相互间关系基本要求的概括;另一方面它是通过某种习俗、传统方式固定下来或由国家及社会组织认可,构成一定社会成员普遍遵循的行为准则。因此,法规制度是实现有秩序的人类生活的保证,法规制度同样是军民一体化装备维修保障建设实现规范长效发展的根本保证。一是维修资源的有效配置需要法规制度的保障。通过建立一套规范化的法规制度来明确军民一体化装备维修保障过程中军队、企业、政府和社会成员的角色、职责、权力和义务,通过法规制度为军民一体化装备维修保障工作开展确立依据。二是法规制度可以避免军民一体化维修保障建设的短期行为。军民一体化装备维修保障是一种需要人们长久坚持的长期行为,人们是否会支持、选择这种长期行为,取决于社会的制度安排,能否使人们愿意牺牲眼前利益,从长远打算,为国防建设和装备维修

贡献力量,仅靠行政强制手段、靠政治口号宣传教育,试图依赖人们的自觉意识是不行的,也是不可靠的,必须从社会的长远制度安排出发,确立军民一体化装备维修保障的长效保障机制。

四、军民一体化装备维修保障与文化

在影响和制约军民一体化装备维修保障诸因素中,文化是一个非常重要而又容易被忽视的因素。马克思主义认为,社会是一个由经济—政治—文化构成的三元结构整体。其中,文化作为"一定社会的政治和经济的反映,又给予伟大影响和作用于一定社会的政治和经济",在人类社会发展的运作机理中发挥着精神牵导的功能。它更多地是以潜在的"无形力量"的形式隐性存在着。同时,文化又具有超越时空的稳定性与极强的渗透性,深刻而深远地影响和支配着特定群体的思想与行为,影响并左右着该群体的价值指向和精神追求。正是在此意义上,文化构成了军民一体化装备维修保障的深层次影响因素。

(一)文化对军民一体化维修保障提供知识与智力支持

知识是关于自然、社会、思维以及事物和过程的现象、本质、规律"是什么"的认识成果,是人们在改造世界的实践中所获得的思想认识及经验的总和,包括经验知识和理论知识。智力是人认识、理解客观事物及过程并运用知识来解决问题的能力,包括记忆、观察、想象、思考、判断等。知识是智力的基础,智力影响着知识的发展与进步。知识与智力作为一个整体,既是人类活动的结果,又是人类从事一切活动的前提与基础。人类从事不同的活动,需要不同的知识和智力的支持。反过来,不同的知识基础和智力水平,又对人类活动产生不同的影响,导致不同的结果。军民一体化装备维修保障涉及整个装备维修保障体系的转型与变革,内在需要现当代知识体系及相应的智力水平,特别是以信息科技知识为核心的现当代科技知识体系及相应的智力水平的支持。其突出表现在推动了装备维修保障理论的创新。装备维修保障理论创新是军民一体化装备维修保障变革的灵魂,也是推动军民一体化装备维修保障变革不断前进的强大动力。文化知识特别是科技知识所包含的新范畴、新观点、新原理,为装备维修保障理论创新提供了重要启示和知识及智力基础,有力推动了军民一体化装备维修保障的发展。

(二)文化为军民一体化装备维修保障提供科学的方法论

文化既是知识体系,又是思维方法体系。思维方法体系包括诸多内容,其中实事求是的思想方法是根本和核心。它不仅为认识和处理军民一体化装备维修保障的一系列具体问题提供了科学的思想工具，尤其重要的是，为我们提出具有中国特色军民一体化装备维修保障的独特改革道路、确立一系列改革原则提供了根本方法论指导。在军民一体化装备维修保障改革之初，从顶层上确立科学的改革思路和坚持的原则，对于军民一体化装备维修保障的健康发展，具有至关重要的意义。

（三）文化为军民一体化装备维修保障提供价值指导

文化虽说属于精神范畴，但它可以依附语言或其他文化载体，超越具体的历史时代和个别人的信赖，形成一种社会文化环境，对于生活于其中的每个人产生同化作用。它能培养起人们对社会制度的归属感和认同感，使人们在社会生活的主要方面形成大体一致的价值观。中华民族精神中的"天下为公""先天下之忧而忧，后天下之乐而乐""全心全意为人民服务"，以爱国主义为核心的团结统一、爱好和平、勤劳勇敢、自强不息的伟大民族精神和民族价值规范等精神永远指导我们前进。这些精神一旦直接或间接的形式融入到军民一体化装备维修保障系统中，就会产生推动其发展的强大的精神力量。

（四）文化为军民一体化维修保障凝聚力量

凝聚功能是指文化价值观在军民一体化装备维修保障中发挥着统一思想、规范行动、凝聚各种力量的重要作用。它之所以能够发挥这种作用，不论是社会主义、共产主义的理想信念，还是以爱国主义为核心的民族精神和民族价值规范，"都具有广泛的影响，感染熏陶了大多数人民，为他们所认同所接受，成为他们的基本人生信念和自觉的价值追求。"不难设想，在军民一体化装备维修保障改革的进程中，随着保障体制的变革、利益格局的调整、思想观念的变化，这增强了人们认识及实践维修保障的独立性、选择性、多变性、差异性，使人们的思想观念、价值取向、思维方式、行为模式呈现出多向发展的态势及多样性特征。这种状况一方面有利于人们解放思想，与时俱进，充分发挥积极性、主动性、创造性，推动军民一体化装备维修保障的发展。另外，也给统一思想和行动，凝聚军地双方的智慧和力量带来了严峻挑战。在这方面，文化为人们提供了根本价值目标，为人们提供了根本价值原则，为人们提供了民族竞争和民族价值规范，起到了凝聚人心的作用。

（五）文化在军民一体化装备维修保障中发挥着激励作用

激励作用是指文化在军民一体化装备维修保障中发挥着激发思想、鼓舞竞争、牵引前进的精神动力作用。它之所以能够发挥这种作用，是因为理想信念揭示了人类发展的必然趋势和正确方向，展现未来的美好前景，具有巨大的感召力、吸引力。军民一体化装备维修保障改革是一个复杂的过程，其间充满了困难、诱惑、挑战和竞争，内在需要强大精神力量的激励和支持。在这方面文化发挥着重要作用，它为变革克服重重困难提供了信念和勇气，为其注入了生机和活力，提供了它所需要的思想支持和精神动力。

（六）落后文化对军民一体化装备维修保障具有羁绊作用

落后文化因素以不同方式抑制着军民一体化装备维修保障变革的发展进程，使军民一体化装备维修保障面临着严峻的文化调整。分析和认清这些文化因素的消极作用、表现形式、社会根源，有助于我们迎接挑战，有针对性地加强先进文化建设，为军民一体化装备维修保障发展创造有利的文化环境和牢固的文化基础。这里着重对中华文化传统对军民一体化装备维修保障的羁绊作用进行分析。首先，中华文化传统不太重视理性化的正式制度安排，比较注重人际关系等非正式制度安排不利于军民一体化装备维修保障系统的健康发展。正是中国文化传统的这种"重内容不重形式""重非正式关系而不重正式制度"的特征，一方面使得人我界限不分，使军民一体化装备维修保障中不容易建立清晰明确的责权利法律关系。另外，容易导致在"自己人"之间划分小圈子，并且使这种"互助"变成"拉关系"与"走后门""人情大于国法""阳奉阴违"行为的发生，从而导致"上有政策，下有对策""有法不依"现象的发生。军民一体化装备维修保障改革如果要取得进一步的长期发展，尚需注意依靠"法治精神"的"契约文化"来实现自我完善。其次，缺乏诚信文化氛围，也是制约军民一体化装备维修保障系统建设重要因素。诚信，即诚实守信，待人以诚，言而有信，敢于对自己的行为负责。这是古今中外人类社会倍加推崇的传统美德，是社会交往中应该具备的基本品德，是人的立世之基。据统计，我国近年来因诚信缺失每年造成的直接和间接经济损失高达5000亿元。装备维修是武器装备战斗力生成的基础，维修领域如果出现违背诚信的不端行为，不仅会造成维修进度延误，增加成本，扰乱武器装备维修秩序，给武器装备的性能质量带来严重隐患，而且会使军地之间缺乏起码的信任，阻碍军民一体化装备维修体系建设进程。在装备维修领域弘扬诚信尤为重要。军事装备维修领域由于其保密性强，不可能实行广泛的社会和舆论监督，容易给不诚信行为造成可乘之机。究其根源，主要是经济利益驱使问题，把个人利益和小集体利益作为根本利益，成为不诚信行为发生的思想根源。另外，加之制度和机制缺位，查处和追究装备维修保障问题缺乏法规依据，难以有效震慑违背装备维修诚信的不端行为。站在民族兴衰、事业成败的高度，澄清模糊认识,切实正本清源,不断深化对诚信问题重要性的理解,极为必要和迫切。最后,中国传统文化中重实际求稳定的农业文化心态,容易产生安于现状、求稳怕变思想,也不利于军民一体化装备维修保障改革的深入进行。

第五章 军民一体化装备维修保障的运行

"运行"一词通常指星球、车船等物体周而复始地运转。军民一体化装备维修保障的运行,则指为提高装备维修保障效能,在特定的维修资源、制度环境和制度安排等因素的约束下,军队装备维修力量和地方装备维修保障力量按照一定的关系有机结合,以特定的程序和内在要求而相互联系所进行的装备维修活动。军民一体化装备维修保障的运行主要包括军民一体化装备维修保障运行机制、运行模式、运行条件和战时的运行等内容。

一、军民一体化装备维修保障运行机制

军民一体化装备维修保障运行机制是军民一体化装备维修保障系统运行机体内按照一定的作用机理,各构成要素相互联系、相互制约、相互作用,推动军民一体化装备维修保障运行的各种方式的总和,是在体制决定"机构、岗位""做什么"的基础上,进一步决定"如何做"。建立良好的运行机制是构建军民一体化装备维修保障系统的重要环节,保证军民一体化装备维修保障系统持续、稳定、健康地运行和发展。由于军民一体化装备维修保障是一个复杂的系统,各要素之间,乃至各要素的组成部分之间存在相互制约、相互作用的关系,致使存在不同层次的运行机制。本书着眼提高装备维修保障效能的系统为目的,重点分析了其中对系统产生重要影响的运行机制,主要包括计划主导机制、统筹协调机制、适度竞争机制、科学评价机制和监督检查机制等内容,如图5-1所示。

(一)计划主导机制

军民一体化装备维修保障计划是人们对军民一体化装备维修保障运行过程的主观预测、约束和导向。军民一体化装备维修保障计划管理具有宏观性、自觉性、统一性等特点,可以弥补市场机制存在的盲目性、无计划性等不足,在军民一体化装备维修保障管理中发挥着主导作用,具有极其重要的作用。

1. 计划主导机制的内涵

计划主导机制就是按照军民一体化维修保障计划,把装备维修保障管理部门的各项工作以及期望达到的目标统一起来,对各项维修保障工作的内容、步骤

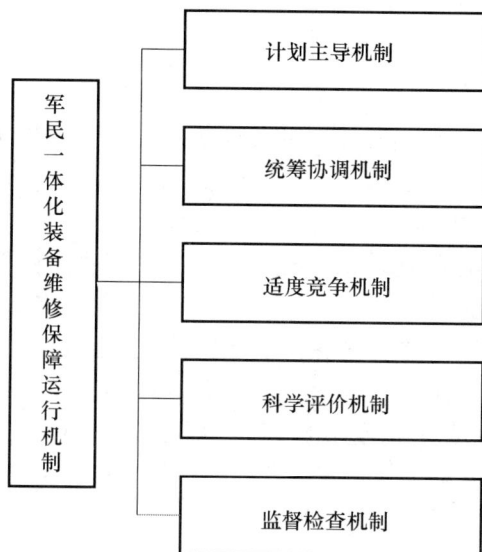

图 5 - 1　军民一体化装备维修保障运行机制

和实施程序加以科学地安排和规定的机制。计划主导机制通过以规划计划主导军民一体化维修保障行为,对于统一目标、统一行动,避免保障工作盲目、无序地发展具有重要作用。

2. 计划主导机制的组织实施

计划主导机制的核心是统筹军地维修保障规划计划,即根据军队现代化建设和军事斗争准备对装备建设的总需求,由总装备部会同国防科技工业局制定军民一体化装备维修保障建设整体规划,由军兵种装备部、总部分管有关装备部门会同军工集团公司制定军民一体化装备维修保障实施计划,对地方维修保障力量建设与军队装备保障力量建设进行统一规划、计划和运用。具体详见第六章第二节“军民一体化装备维修保障的计划管理”。

(二) 统筹协调机制

推进军民一体化装备维修保障系统建设的核心是军地装备维修保障资源的优化整合,关键是军民一体化装备维修保障活动组织协调机制的建立。

1. 统筹协调机制的内涵

统筹协调机制主要指军地双方定期组织军地联合协调会议,军地双方定期组织交流,围绕军民一体化装备维修保障相关事宜互通信息,具体协商和承办军民一体化装备维修保障系统建设的日常工作,协商解决军民一体化装备维修保障建设中的重大问题,或者临时协商处理有关军民一体化装备维修保障的紧急事务。

2. 统筹协调机制的组织

总装备部与国防科技工业局建立重大事项协商和联席会议制度,围绕军地任务分工、维修资源配置、力量布局和政策法规等重大问题进行协商。军兵种装备部、总部分管有关装备的部门与军工集团公司等单位之间建立军民一体化装备维修保障对口业务协调机制,围绕合同的订立、组织实施、定价审价、人员培训,以及事故责任判定等重要问题,建立经常性磋商协作和联席会议制度。对于重点装备重大保障任务,建立军地双方联署办公制度。当军地双方发生纠纷,且本级不能协调解决时,通常上报各自的上级机关,由上级机关协商解决。必要时,可按照相应的法律程序,由司法机关仲裁或审判解决。战时或急时由作战指挥员或指挥机关根据战场情况,临时组织协调。战时或急时装备使用部队与地方维修保障力量之间、各军兵种装备部门和总部分管装备的部门之间,采用合署办公方式,互设联络员,实行现场协调。

(三) 适度竞争机制

建立和完善适度竞争机制,不仅可以实现有效降低装备维修成本的目的,更重要的是能激励包括地方企业在内的装备维修企业参与装备维修竞争,提高装备维修保障的质量效益。

1. 适度竞争机制的内涵

要通过吸引军工企业以及国营民营企业进入装备维修保障领域,打破军队保障的界限,形成竞争有序的装备维修保障机制,实现降低维修价格、提高维修质量的一系列做法。按照公开竞争、有限竞争、非竞争三种类别,建立并发布修理类和器材采购竞争类装备和产品目录。对公开竞争类修理和器材采购项目,采取在全国范围内各类所有制企业进行公平、公正和公开的竞争,采用公开招标方式组织实施;对有限竞争类修理和器材采购项目,采用邀请招标或竞争性谈判方式组织实施;对于非竞争类修理和器材采购项目,组织开展在其分系统和配套产品层次上的分层次竞争修理和采购。

2. 适度竞争机制的构建

建立适度竞争机制,一方面,应以择优为原则,对符合准入条件的地方维修保障力量,创造公平竞争的环境,通过竞争实现资金、人才、技术和经营管理等要素的最优组合,获得最大军事经济效益;另一方面,应以适度为原则,对参与竞争的地方维修保障力量加以引导与控制,通过任务的分配,培植和保留能够参与装备维修保障的地方保障主体,满足战时维修保障需求。一是要理顺军队修理机构、装备承研承制单位和非装备承研承制单位的关系,使地方装备承修单位成为真正的市场竞争主体。对具备装备承修资格的装备承研承制单位,要制定配套改革措施,鼓励它们参与竞争;对非装备承研承制单位在政策条件允许的情况下,逐步吸收他们参与竞争。二是要制定面向社会的公开招标和投标制度。根据装备维修保障的特殊性,依据《中华人民共和国招标投标法》《中华人民共和国反不正当竞争法》《中华人民共和国合同法》以及《中华人民共和国国防法》等有关法律,制定和完善装备维修项目招标投标制度。在不违背保密原则的前提下,尽可能扩大装备维修项目招标范围。三是要不断创新激励手段,采取有效措施,充分调动地方承修单位参与装备维修的积极性。

(四)科学评价机制

科学评价机制是降低军民一体化装备维修保障风险的手段,是规范竞争行为的基础,是实施有效激励的依据,可以降低决策风险,减少决策失误,是军民一体化装备维修保障有效运行的保证。

1. 科学评价机制的内涵

所谓科学评价机制,是指在重大决策前、保障实施后、资质能力认证等时机,针对维修保障规划计划、保障效果、参与主体能力素质等一系列问题,组织开展客观、公正评价的制度与做法。具体说,在总部层面主要对军民一体化维修规划计划、政策法规等重大事项开展综合论证评估;在军兵种装备部和总部分管有关装备的部门层面,对本级的装备维修计划与经费预算方案进行评估,为领导和机关决策提供咨询依据;在装备维修保障项目层面,重点对装备维修价格与经费管理、合同订立与履行、维修质量与进度等进行评价和监督;在维修保障企业层面,主要对装备维修保障资格进行审查,建立承修厂商名录。

2. 科学评价机制的构建

建立科学评价机制,重点在建立能够对军地双方实施权威评价认证的功能体系、人员体系,着力在首长机关决策前先期评价、承保单位资质评价、保障需求汇总评价、保障内容落实评价、保障过程技术评价、保障效果综合评价、保障经费执行评价等关键问题上建立科学的运行规则。构建科学评价机制的重点在于建立独立稳定的评价机构、建立和完善评价的规章制度和技术标准、建立动态的装备维修保障资格审查制度以及建立完善军民融合绩效评估机制。

(1)建立独立稳定的评价机构。建立独立稳定的评价机构是开展评价工作的基本前提,也是做好评价工作、提高评价权威性的组织保证。目前,评价组织一般都是按照评价任务临时组织设立的,评价专家在执行评价任务过程中所负的责任十分有限。评价的客观性、公正性只能通过专家责任心来保证,同时缺乏对执行评价任务专家的有效激励和监督制约机制,评价专家没有义务对项目进行深入跟踪,难以保证评价结果的客观性和公正性,评价作用不能得到充分体现。在军民一体化装备维修保障评价工作中要逐步改变以往临时组织评审委员会的做法,尽快在总部级和军兵种级两级建立军民一体化装备维修保障评价机构,并依托院校、科研院所建立评价工作专家库,由相关监管机构的领导和相关领域的专家组成评价机构。在评价工作进行之前,由评价机构从专家库中遴选相关领域专家组成评价专家组,评价专家组接受评价机构的委托完成相关评价任务。

（2）建立和完善评价的规章制度和技术标准。完善的规章制度和技术标准是评价工作有章可循,确保客观公正的重要保证,也是评价工作得以进行的规范和标尺。由于军民一体化装备维修保障开展评价工作较晚,相对来说,有关评价的相关规章制度和技术标准还不够完备,一些标准与当前的管理政策不相符合,评价过程随意性大,评价结果的客观性和准确性不足。因此,要坚持定性评价与定量评价相结合的原则,尽快开展相关评价标准的"立、改、废"工作,才能满足军民一体化装备维修保障评价工作需要,确保评价机制有效运行。要加强评价技术和手段建设,开展装备维修管理评价理论、方法和模型研究,重视先进评价技术成果的转化和应用,加强装备维修管理评价演示验证、模拟仿真等现代分析工具和实验手段建设,提高装备维修评价工作的科学性和权威性,为装备维修管理决策提供科学依据。

（3）要建立动态的装备维修保障资格审查制度。通过科学的评价方法对地方保障机构的技术水平、经济实力、保密资质等进行审查,定期对承修单位质量及信誉进行考核,对通过质量体系认证的地方维修企业进行审查筛选后,建立承修厂商名录。通过资格审查制度,打破现有军工界限,支持地方装备修理企业进入装备维修市场,改善维修资源配置。

（4）建立完善军民融合绩效评估机制。按照要素齐全、重点突出、简便易行的原则,统筹制定各领域军民融合绩效的考核评估体系,明确评估内容、标准、方式和方法,定期对军民一体化规划计划执行、重大项目进展、综合效益发挥等方面的情况进行考核评估。

（五）监督检查机制

为保证装备维修项目竞争中的公平性、公正性和透明性,必须结合军民一体化装备维修保障管理体制实际,逐步建立一整套监督检查机制,以预防军民一体化装备维修保障中可能出现的腐败现象,提高装备维修保障的服务质量,落实装备维修保障合同,促进企业质量建设,保证军民一体化装备维修保障健康有序地进行。

1. 监督检查机制的内涵

监督检查机制的内涵包括两个层面的内容,广义上监督检查机制是指军民一体化装备维修保障监管机构分散权力,形成部门之间的相互制约和监督。例如,在合同履行方面,则表现为合同的订立、合同履行、合同审计、合同支付等职能交由不同部门承担,形成相对独立的系统。狭义上监督检查机制主要指对装备维修保障合同商在合同履行过程中进行质量监督。

2. 监督检查机制的实施

在军民一体化装备维修保障实施过程中,主要通过建立军民一体化装备维修保障相对分离、相互制衡的横向组织机构,对装备维修合同商在合同履行过程中的质量进度控制,以及对合同商的状况进行监视和验证,加强军民一体化装备维修保障中监督检查机制的执行。

建立相互制衡的军民一体化装备维修保障横向组织机构。在组织结构上建立装备维修保障计划、合同订立、合同履行、合同付款、合同审计五条管理线,在组织上实现职能相对分开、相互制衡的军民一体化装备维修保障管理组织体系。

建立多层次的军民一体化装备维修保障监督网络。要以装备维修保障资质认证、招标评标、合同签订、合同管理、产品质量、经费使用等检查监督为重点,建立综合评估质量效益的机制,促进军民一体化装备维修保障水平的不断提高。建立健全行政、纪检、审计、司法和社会监督相结合的军民一体化装备维修保障监督体系。严格合同审计,完善装备维修保障关键环节的军队内部审计制度,加强对装备维修部门和人员的经济责任审计。对重大装备维修项目的合同履行情况实行定期报告制度。实行虚报成本追究制度和审计责任追究制度。建立健全装备维修保障质疑、投诉和举报制度,加大对装备维修保障违法乱纪行为的查处力度。

要改进装备维修管理监督方法。应充分利用维修企业自身的质量体系加强装备维修项目的质量监督,使一般维修过程监督通过企业内部的质量监督体系来完成,军代表主要集中精力对关键工序进行监督。同时,军方应化被动为主动,将派人现场监督转为维修企业内部制度监督,从而提高军代表工作效率,节约监督成本。

二、军民一体化装备维修保障运行模式

军民一体化装备维修保障运行模式可分为军地分阶段保障模式、承包商保障模式、商业竞争性保障模式等。根据装备的不同类型、不同阶段和不同保障需求,灵活采取相应的保障模式,如图 5 – 2 所示。

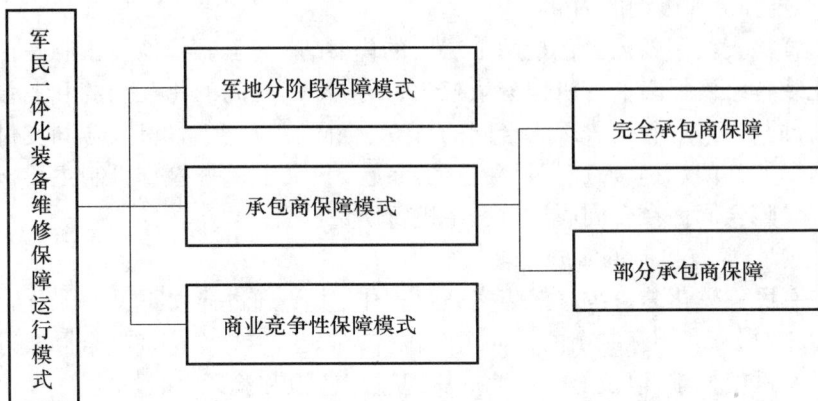

图 5 - 2　军民一体化装备维修保障运行模式

（一）军地分阶段保障模式

在装备部署初期以装备研制单位或同类型装备研制单位为主,装备研制单位协助军方形成装备保障能力;装备扩大部署后以军方保障为主,合同承包商支援保障;装备退出现役移交预备役或民兵组织后,以预备役或地方维修保障组织形成维修保障能力。此种模式适用于列装数量多、服役时间较长、技术含量高、维修专业性强,军队自身不完全具备全部高等级修理能力,但具备一定保障基础条件的装备,如综合电子信息系统、雷达、通信装备、引俄驱逐舰、新型驱护舰和其他大型舰艇等。这种模式的优点是:最大限度地发挥了部队和装备承研承制单位的各自优势,保持了部队的核心保障能力,适应了武器装备部署和保障特点,军事经济效益都比较高。主要缺点是:一是涉及军地保障单位较多,组织协调困难。二是出于经济利益、技术垄断和知识产权等原因考虑,地方保障力量可能不愿向军方转移保障能力。开展装备军地分阶段保障,应着力做好以下几点:一是明确军地任务分工,落实装备保障中的责权利关系;二是要坚持以军方主导为方针,依托装备承研承制单位建立"帮建、帮修、帮训"机制,拓展"售后服务模式",帮助部队开发保障资源,配套保障手段,培训保障人才,把装备承研承制单位的技术和人才优势转化为部队自身保障优势,加快推进部队以维修、供应和训练能力为主体的独立保障能力的形成。

（二）承包商保障模式

承包商保障是把全寿命周期内的装备(分系统)的保障任务交由装备承研承制单位来完成的保障模式,即谁研制、谁生产、谁终身保障。根据承包商保障的程度和范围,承包商保障模式可分为完全承包商保障和部分承包商保障两种。当某型号武器装备全部交由装备承研承制单位保障的叫完全承包商保障,当某型号武器装备中一部分(分系统)交由装备承研承制单位保障的叫部分承包商保障。承包商保障模式主要适用于列装数量少、结构复杂、保障难度大、保障能力形成周期长且军队自身缺乏保障资源的武器装备或分系统。如预警机、舰用多功能相控阵雷达等。这种模式的优点是:承包商利用其保障资源相对齐全完善,为装备提供完善保障。同时,为降低维修成本、提高维修质量,承包商会充分发挥其技术和资源优势,研究新的维修保障手段,保持稳定的维修基础,提高维修质量;通过承包商实施全寿命保障,可以促使其在装备研制阶段就重视装备维修性、保障性等的提高,通过"优生"赋予装备较高的固有保障性,降低保障费用。主要缺点是:在战时或紧急情况下,地方保障力量违约不按合同履行职责,或不能很好地履行其职责时,由于部队没有保障能力,就会严重影响装备的运用,乃至整个战局的发展;如果装备停产后,地方保障力量保障难以落实;有些装备保障只能由某个或少数几个地方保障力量来进行,不利于形成良好的竞争环境和有效的竞争机制。发展承包商保障,要充分运用市场机制、发挥竞争、评价、激励、监督等机制的作用,尽快形成有利于装备维修保障的竞争环境;要充分运用合同管理等手段,制定严格的市场退出制度,防止因装备承研承制企业不履行合同而造成重大损失。

(三) 商业竞争性保障模式

商业竞争性保障模式是指在军方指定的范围内,依托地方规模化、专业化的维修服务企业对武器装备开展的竞争性商业保障。依托社会力量,在装备维修领域引入装备承研承制企业和军方以外的第三方保障,充分发挥地方维修企业的资源优势,是适应武器装备发展,推进装备维修保障体系改革的重要选择。此种保障模式适用于系统复杂而保密要求低,技术通用性很强,多家地方企业具有保障能力的装备,如服务器、显示器、网络设备、运输车辆、通信系统和导航雷达等。此种模式的优点是保障价格相对比较低廉,经济效益突出。缺点是军方对其的监督管理难度较大,合同履行、维修质量、维修进度方面存在风险隐患。实施商业竞争性保障,不仅要完善监督管理手段,使承修方按照合同履行职责,而且要适当加强军队建制保障力量的能力培养,防止因第三方不能完成保障任务而造成损失。

三、军民一体化装备维修保障运行条件

军民一体化装备维修保障运行条件是指为保证军民一体化装备维修保障顺利运行,在器材、法规、人才和信息等方面开展的配套建设。军民一体化装备维修保障运行条件建设虽然不是军民一体化装备维修保障的中心工作,但是它影响中心工作,有时甚至决定军民一体化装备维修保障的成败。

(一)军民一体化装备维修器材保障

装备维修器材保障是完成军事装备维修保障工作的基本条件和重要保证,在装备维修保障中具有重要的地位和作用。我军现行装备维修器材保障体系是在计划经济体制下,立足军队自我保障前提下建立和发展起来的,与社会主义市场经济和形势任务存在诸多矛盾和问题,迫切需要走军民结合、寓军于民的道路,尽快建立完善军民一体化装备维修器材保障体系。近年的实践表明,借助地方工业部门的人才、技术优势,让地方工业部门在更大范围、更高层次、更深程度上参与装备维修器材保障,实施军民一体化装备维修器材保障成为历史的必然。装备维修器材实施军民一体化保障,是适应未来高技术局部战争的客观要求,是军队建制保障能力的有效补充,是提高装备维修器材保障效益的重要举措。

1. 当前装备维修器材保障存在的主要问题

(1)器材价格居高不下。装备器材价格,特别是高新技术装备周转器材价格昂贵、上涨过快问题已成为制约器材保障发展的重要因素。目前,维修器材购置费已占我军装备维修经费的近一半,成为维修经费中开支最大的一项,供需矛盾十分突出。

(2)器材配备不够合理。目前,在装备器材配备方面,"该用的器材没有订上,订的器材用不上"的问题比较突出。究其根源,一方面由于器材消耗规律掌握不准,军队没有提出器材保障的标准规范,存在盲目采购的问题;另一方面装备承制企业存在着利用在器材供应方面的信息优势,片面追求自身经济利益的问题。当前,军队向地方器材生产企业采购器材主要有两种方式:一种是在军队限定采购费用的前提下,企业供应器材。在这种情况下,企业出于自身利益考虑,尽可能减少的器材供应的种类和数量,容易造成"该用的器材没有订上"问题。另一种是企业制定器材清单,军队按清单采购器材。在这种情形下,企业为了多赚钱,则尽可能多的将器材列入清单,造成大量"订的器材用不上",不但浪费了有限的器材采购经费,而且还占用了军队大量库容。

(3)器材供应渠道不顺畅。当前,我军维修器材采购来源单一,竞争性采购范围窄、规模小、比例低。工业部门对维修器材的保障供应实施垄断,部分装备总体生产单位规定配套厂家不能单独向部队出售相应装备的维修器材,军队只能通过总装厂采购,造成器材供应环节多、周期长、价格高,经济效益和军事效益低下。

（4）器材生产能力维持不规范。由于经济利益的原因,装备还在服役,部分装备承制单位已经将器材设备生产线转产或拆除了,又没有及时向军队修理厂实施技术转移,而相应器材在地方市场又无法购置,导致在役装备维修器材难以筹措,严重影响了装备的完好率和配套率。

2. 对策措施

（1）调整建立组织机构,统筹器材保障体系建设。建立协调便利、精干有效的组织领导机构,是确保军民一体化装备器材保障正确实施的组织保证。在国家层面,建立顶层领导机构,研究成立国务院、中央军委军民一体化装备维修工作委员会,负责制定装备器材保障的政策制度、工作规划和法规建设等重大问题,统筹协调军地之间在器材采购、器材储备、器材配送中的重大事项。各军兵种装备部、总部有关部门和军工集团公司、省级政府国防科技工业管理部门设立组建管理协调机构,负责本部门军民一体化维修器材保障的计划制定、任务划分和归口管理。在军事代表局或相应部门、装备器材承制单位设立执行操作机构,主要担负军民一体化装备维修器材保障的组织实施和军地沟通协调。

（2）改革采购方式,规范供应行为。军民一体化维修器材保障要以改革器材采购方式为重点,提高器材采购质量和效益,降低采购价格。推行通用装备器材的集中采购,强化同类型装备器材总部集中采购的原则,凡通用装备器材尽可能由总部或主要军兵种统一采购。为此,要实现装备器材的标准化和通用化,减少专用装备器材种类,扩大军民通用器材范围,增强器材从民用市场筹措的份额。积极推行维修器材的竞争性采购,创新竞争方式,扩大竞争范围,培育竞争主体,逐步从目前的单一来源采购为主,过渡到以竞争性采购为主。推行维修器材的直达式采购,将军民通用装备、设备及物资器材纳入国家流通环节,充分利用地方快递公司实行维修器材的"一站式"配送服务,扩大其商家直接供货、委托地方生产的范围和渠道。推行承包商全程保障,对于技术特别复杂,数量有限的高性能特装装备,可实行"基于性能"的采购,由承制单位负责装备服役期间的器材保障,减轻军方保障负担。推行器材的"第三方物流"保障,由专业物流企业担负器材的采购、包装、储备、运输、供应等任务,以发挥地方储运公司、设施和人员的作用,提高器材保障的规模效益。

（3）健全器材储备机制,拓展军地保障模式。高效顺畅的储备机制是提高器材保障能力的重要保证。通过建立军地间新型的器材储备机制,拓展器材保障模式,可有效避免因器材消耗规律认识不清,造成的"器材严重短缺与严重浪费"并存的问题。一是探索建立器材预购返还机制。在器材储供规律尚未掌握的情况下,军队可暂按高的筹措标准向器材供应商预购器材,待一个维修周期后,结合器材保质年限,将用不着的器材再返还厂家,用于装备的生产制造。同时,器材供应厂家返还相应器材款项,或折抵下一维修周期的器材费用。待下一个维修周期,军方根据上一维修周期的器材实际消耗,对器材购置标准进行修订,并按新的器材购置标准向厂家定购器材。这样一来,可有效减少部队积压的呆滞器材数量,而且经过多个维修周期的渐进式修正,装备维修器材消耗标准也可准确建立起来。二是建立器材生产能力转移机制。装备器材生产企业在倒闭、生产线转产或停产前,应上报审核,征得军方同意并做好后续保障措施后,方可停产或转产。对于仍在服役的装备,在军工企业型号装备生产线停产或转产前,地方承制单位要将其器材生产能力转移至军队修理工厂,帮助军方建立器材备件生产线,或者对于即将停产的装备,军民双方可通过加强储备、生产能力保留等措施保证后续器材供应。三是推行军民合建备件库。依托军方现有器材仓库,将军队器材储备体制与企业装备生产体制相衔接,对于军队暂时用不着的器材,企业可将其用于装备生产,并及时予以补充。这样做变"静储"为"动储",既可做到器材的定期更新,避免因储备时间过长而过期变质,还可发挥军民兼容的作用,帮助企业解决储力不足的困难。四是建立企业诚信评价机制。结合军品任务完成情况,定期对器材供应企业诚信情况进行评价考核,并将考核结果与合同签订、军品任务挂钩。如果企业一旦出现失信行为,可以通过信息平台或适当媒体,予以通报,降低其诚信等级,严重的可以取消其器材供应合同商的资格。

(二) 军民一体化装备维修法规制度

军民一体化装备维修保障法规制度,主要是由军队和地方共同制定或由双方分别制定的,用以调整军队和地方之间在实施装备保障过程中相互关系的法律规范和制度。建立和完善军民一体化装备维修保障法规制度,有利于促进整个装备保障法规体系的建设,有利于提高武器装备的维修质量和效益,有利于促进装备保障军民一体化改革工作。

1. 当前我国军民一体化装备维修保障法规制度现状分析

建国以来,尤其是改革开放以来,为适应社会主义市场经济和武器装备发展的需要,中央军委和各总部,高度重视装备维修保障法规制度建设,在涉及装备维修中军地关系方面,也在一些法规制度中提出了一些相关的条文,为顺利实施军民一体化保障发挥了一定作用。目前已有的法规制度中,涉及军民共同保障问题的法规制度主要有以下几类:

第一类是国家法律和国务院有关部委的法规。包括：《中华人民共和国国防动员法》《中华人民共和国国防法》《军品价格管理办法》《国务院关于对军工科研生产调整改革问题的批复》《武器装备研制单位资格审查暂行办法》，以及《军工产品质量管理条例》《军用标准化管理办法》等。

第二类是一些相关的军事法规和规章。包括：《中国人民解放军装备条例》《中国人民解放军武器装备管理条例》《中国人民解放军装备维修工作条例》《中国人民解放军装备采购条例》等。

第三类是专业类规章。包括：《中国人民解放军空军装备工作条例》《中国人民解放军空军航空机务工作条例》《中国人民解放军空军装备管理工作条例》《中国人民解放军第二炮兵装备维修工作规定》《海军装备维修工作规定》等。

上述法律、法规、规章的发布实施，对军民共同开展装备维修保障起到了一定的规范作用，但存在的问题也比较突出，具有明显缺陷。一是系统性不强。虽然在不同的相关法规制度中对军民共同保障有一些规定，但是涉及的面较窄，难以覆盖装备保障的各项工作和全过程，对涉及军地双方关系的许多方面缺乏具体规定，给法规条文的执行带来一定困难。二是缺乏针对性，没有很好地反映军民一体化装备维修保障规律。虽然能够借鉴的法规制度较多，但是没有一项是专门以军民一体化保障为立法对象的。在借用过程中，不仅总体上难以反映军民一体化保障的特殊规律，即使从借用条款的角度看，也难以符合军民一体化保障的具体情况。三是约束力不强，缺乏必要的法律责任实现方式。现行的涉及军民一体化保障的法规条文，大多只规定了在实施军民一体化保障过程中，各方应该怎么做，对于不遵守法规要求的如何处理，当事人应承担什么样的法律责任没有明确的规定。

2. 军民一体化保障法规制度体系的总体构想

（1）指导思想和基本原则。指导思想：以党中央、国务院、中央军委关于装备建设的一系列重要指示为指导，以新时期军事战略方针为依据，以提高部队战斗力为标准，按照装备全系统、全寿命管理的要求，坚持以可靠性为中心，贯彻预防为主、科学维修、质量第一、注重效益的方针，紧密结合我军开展军民一体化装备维修保障的实际，认真吸收借鉴外军在军民一体化保障方面的立法经验，建立与社会主义市场经济和装备发展相适应，与国家《中华人民共和国国防动员法》相一致，结构合理、层次清晰、分类科学、整体协调的法规体系，推动军民一体化保障改革和军民一体化保障工作的顺利进行。其基本原则是：着眼作战，提高能力；依据法律，适应市场；军地共建，建修结合；整体筹划，逐步推进。

（2）基本依据。一是我国立法权限的规定。根据我国宪法和立法有关立法权限的规定，全国人民代表大会和全国人民代表大会常务委员会制定我国的基本法和一般法律,国务院和中央军委根据宪法和法律或人大授权制定行政法规和军事法规,国务院各部委和中央军委各总部、各军区、军兵种根据法律和法规,在其权限内制定行政规章或军事规章。军民一体化装备维修保障法规体系的建立也应该遵循上述立法权限的规定,由各不同部门制定相应的法律、法规和规章。二是现有法律依据。军民一体化装备维修保障法规体系建设,顶层法律是《中华人民共和国国防动员法》,其他相关的法规和规章都应当围绕这一法律展开。另外,还要依据《中国人民解放军装备条例》和《中国人民解放军装备维修工作条例》展开。《中国人民解放军装备维修工作条例》规范的装备保障主要内容包括:保障体制;计划与经费;维护与修理;器材;设施与设备;技术基础;专业人员;科学研究与改革;战时保障;奖励与处分。《中国人民解放军装备条例》与装备保障内容密切相关的内容主要包括:装备建设中长期计划与装备体制;装备科研;装备订货;装备调配;装备技术基础;装备及其技术的对外合作交流;装备的经费管理等。三是实践依据。一方面要注意借鉴国外在开展军民一体化装备维修保障方面的成功经验。包括体现市场经济规律,突出装备保障特性;体系完善,层次分明,覆盖面宽;强化立法管理和执法监督,重视法律法规的修订和完善等。另一方面又要认真总结我军实施军民一体化装备维修保障的实践经验,把不同单位、不同装备的军民一体化保障经验提升为更高层次乃至全军法规制度。

(3)体系构成。军民一体化装备维修保障法规体系是由不同层次和不同方面(门类)的装备保障法规组成的有机整体。不同层次标志着保障法规的纵向关系;不同方面(门类)标志着保障法规的横向关系。

军民一体化装备维修保障法规的纵向构成,主要是指装备保障法规按等级排序的关系,包括三个层次。第一个层次是装备法律层。装备保障法律是全国人大常委会依据宪法或国防法,按照立法程序制定的,其法律效力高于国务院和中央军委制定的相关法规。这一层次的法律是《中华人民共和国国防动员法》《中华人民共和国国防法》《中华人民共和国公路法》《中华人民共和国铁路法》《中华人民共和国民用航空法》《中华人民共和国标准法》《中华人民共和国政府采购法》《中华人民共和国产品质量法》《中华人民共和国价格法》《中华人民共和国合同法》《中华人民共和国会计法》《中华人民共和国计量法》《中华人民共和国招投标法》《中华人民共和国审计法》《中华人民共和国档案法》。第二个层次是装备法规层。这一层次是由中央军委和国务院为贯彻相关法律,并根据军民一体化装备维修的实际需求,制定并颁布的调整地方与军队之间在装备保障活动中社会关系的军事(行政)法规,具有在全国、全军一定范围内遵照执行的法律效力。第三个层次是规章层,是由总部和国务院有关部门联合制定或单独制定的属于调整国家有关部门、地方政府和军队之间以及军队内部在装备保障活动中的社会关系的规定、办法、标准等。具有在全国、全军某一领域内遵照执行的法律效力。同时也包括各军兵种依据相关法规和规章制定的专业规章。在某一军兵种和地方相应领域具有法律效力,如图5-3所示。

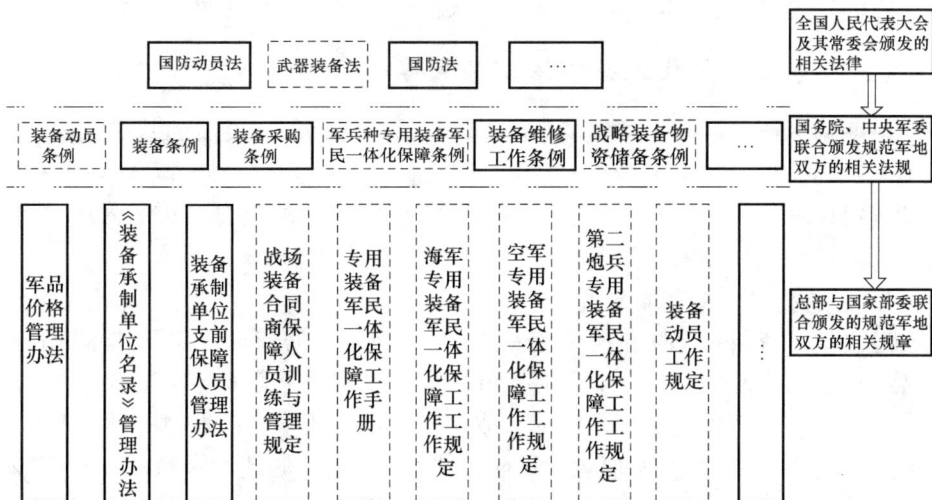

图5-3 军兵种专用装备军民一体化保障法规制度系统

(虚线框表示还未制定或颁发的法规或规章)

军民一体化装备维修保障法规的横向构成,主要是指装备保障法规按调整对象和内容不同的区分。主要包括三个方面:一是军民一体化装备维修保障组织编制法规,即关于军民一体化装备维修保障机构的设置和人员组成、设施设备编配的法律规范,是确定军民一体化装备维修保障组织体制的法律依据。二是军民一体化装备维修保障机关工作法规,即以条令、条例等形式,主要规范各级军民一体化装备维修保障部门的地位作用、工作指导思想和原则、工作制度、内外关系,以及各级的职责权限等,是各级军民一体化装备维修保障部门工作的法律依据。三是军民一体化装备任务性(专业工作)法规,具体规定军地双方在各项专业工作中的基本任务、原则、业务管理和专业保障等,是开展军民一体化各项装备保障工作的法律依据。依据《中国人民解放军装备条例》和《中国人民解放军装备维修工作条例》的内容,涉及的法规制度或具体规定主要包括:军民一体化装备维修保障建设纳入装备建设中长期计划的规定;装备科研贯彻装备可保障性的办法;关于装备订货中同步订购保障装备的意见;装备调配中保障装备同步配发的相关规定;建立军民一体化装备维修保障体制的意见;军民一体化装备维修保障计划制定与经费管理的实施办法;开展军民一体化装备维护与修理的具体规定;关于实施军民一体化装备维修保障过程中器材管理的有关规定;军民一体化装备维修保障设施与设备建设的办法;加强军民一体化装备维修保障技术基础建设的措施;关于实施军民一体化装备维修保障专业人员培训的有关规定;实施军民一体化装备维修保障科学研究与改革的暂行规定;军民一体化战时保障的规定;军民一体化装备维修保障过程中奖励与处分的有关规定。

(三) 军民一体化装备维修信息支撑

顺畅的军地信息交流是实现军民一体化装备维修保障发展的基本前提。为保障军民一体化保障组织指挥的畅通,更好地发挥工业部门、修理厂和院校对部队的支援保障作用,必须在各机构之间建立高效、安全的信息支撑。对此,一方面要打通技术资料获取与流通壁垒,另一方面要开发运用信息手段。

1. 打通技术资料获取与流通壁垒

装备技术资料是军队正确使用和维护、修理装备的依据。离开技术资料的保障,部队装备保障必然受到制约。当前,应在以下两个方面打通壁垒。

(1) 要打通军地之间技术资料获取壁垒。针对部分装备承制单位出于知识产权保护等方面的考虑,不愿意向军队提供齐全、完整的技术资料的现状,个别装备承制单位提交的技术资料适用性不强,军队操作人员难以据此完成保障任务的现状,通过军地双方协商,合理界定装备知识产权的边界条件,以法律法规形式强化承制单位提交技术资料的责任义务,扩大随装文件范围。军队应充分发挥自身在装备订购中的主导作用,依据装备保障实际需求,提前研究提出军队装备保障所需技术资料种类、范围、深度以及可读性、适用性等方面的要求,并在装备采购合同中进一步予以明确。督促装备承制单位按照合同,在装备研制、生产阶段同步编制技术资料,确保随新装备一起交付完整配套的技术资料,满足部队需要。

(2) 要打通军队内部技术资料流通壁垒。针对军队内部存在的技术资料传递途径不畅、有的技术资料一线保障人员还看不到、影响保障任务的顺利完成的问题,通过军队内部建立规范的资料分发制度和渠道,保证一线装备保障人员能够及时获取适用、够用的技术资料。

2. 开发运用信息手段

开发运用信息手段是提高军民一体化装备维修保障效率的重要途径。应针对当前军地双方存在的信息资源共享不够、指挥管理渠道不畅的问题,加强信息化手段建设,为军民一体化装备保障又好又快发展提供有力的信息保障。从目前来看,主要建立装备保障信息数据库、器材供应和装备应急抢修等支援保障系统;从长远来看,还应建立综合的军民一体化保障信息系统。

建设军民一体化装备维修保障信息数据库。随时掌握军地装备保障力量和保障设施、装备、物资器材、技术资料等资源信息以及保障活动信息；全面动态地反映装备物资器材的品种、数量、规格、质量、储备地点等物资器材备品备件的储备数质量信息，及时查询军地各保障机构的保障资质、生产能力、经营状况、信誉程度、维修进度情况，为军民一体化保障提供信息共享平台。

建立军民一体化装备器材供应保障系统。目前总部、军区与直属仓库已对器材筹措与供应实现了计算机管理，但器材管理还没有实现系统化、网络化的目标，军地器材需求方和供应方之间更没有实现系统化连接，应尽快加强军地维修器材保障网络化建设，一是依托军队现有网络，建立总部—军区（军兵种）—部队—仓库于一体的维修器材储备网，建立地方军工集团—器材承制单位—协作单位于一体的维修器材供应网，同时实现储备网和供应网的互联互通。在器材供应保障系统中，上一级可随时查看下一级器材储备情况，如果某单位器材储备有节余，可在网上公布外调，如急需某种器材，无法向上级请领，可通过保障信息网络，直接向器材生产厂家发布订购信息，启动订购程序。这样可以大大节约资源，提高器材利用率。

建立装备应急抢修支援保障系统。我国地域辽阔、部队驻地分散，装备部署点多、覆盖面广，承研承制单位现场实施技术支援保障距离远、费用高、时效性差。特别是高新技术装备结构复杂，技术含量高，部署初期技术支援保障任务尤为繁重，承研承制单位难以承担。利用网络通信、信息视频等成熟技术，建设远程技术支援系统，技术人员不到现场即可为部队提供技术服务保障，时效性好、经济效益高。在亚丁湾索马里护航行动中，有关军工集团通过远程技术支援方式，为编队装备提供了实时技术支持，收到了良好效果。在装备承制（保）单位建立充实技术支援机构，抽调技术骨干，普遍建立专业化技术服务团队，实行24小时值班制度，快速响应部队技术支援申请。在装备承制（保）单位设立热线电话，受理部队维修申请。在全军装备业务信息系统建设的基础上，依托军事综合信息网，建立军地装备维修信息系统，通过军代表机构延伸到装备承保单位，为前方装备使用及维修提供装备安装调试、使用维护、检测修理、软件升级等技术咨询、技术指导和决策支持，提高维修保障的及时性以及维修资源利用的广泛性。建立完善装备维修保障信息发布制度和使用维修信息收集与反馈制度，逐步实现军地之间信息互联互通和共享。

建立健全军民一体化装备维修保障信息系统。以计算机及其通信网络为平台，通过开发军民一体化装备维修保障软件系统，广泛利用军用与民用、有线与无线等多种通信手段，使装备保障指挥与协调、军内保障与军地互保实现有机融合，从而对装备保障活动进行实时、有效地指挥、协调和监控。通过信息化建设，最大限度地解决军民一体化装备维修保障实施过程中相关主体之间的信息不对称问题,消除"信息孤岛"。

3. 当前应抓紧做好的几项工作

（1）实现军地维修信息网络对接。从当前来看,要充分利用军队和地方信息网络建设成果,通过军队信息网络与地方信息网络的协调与对接,使部队、修理厂、工业部门之间能够通过安全的网络设施,实现装备支援保障实时化、一体化。在各级机构之间安装加密通信系统是一项基础工作,以确保各级之间信息互通。

（2）采取器材的统一编码。现有装备种类多,型号杂,随着科学技术的快速发展,装备更新的速度加快,维修器材的供应种类急剧增加,保障难度增大。对维修器材进行统一编号,便于申请、储存、保管、发放和利用计算机进行管理,既提高了管理效率,又增强了维修器材供应的准确性。

（3）推行器材的标准化包装。目前,军地间对装备器材包装要求不一,标准不一,使军地装备器材供应、运输、储存存在困难。建议军地间采用统一的器材包装技术标准,为器材信息化管理奠定基础。

（4）联合开发装备维修保障数据库、交互式电子技术手册开发系统和远程支援保障信息系统,为装备维修保障管理提供信息支撑和网络工具。积极促进军地双方联合推动装备远程支援保障网络条件建设,充分发挥地方军工集团公司资源优势,为装备使用部队提供及时、充分、有效的技术信息支持;同时实现装备状态等信息的及时反馈、分析和处理,为装备的持续改进提供决策支持。

（5）建立健全装备维修科技情报系统,加强数字图书资源建设和整合,研制部门、科研院所、承修单位、装备使用单位联合开展多功能数字图书馆建设,实现装备科技情报文献信息资源互联互通,共建共享。

（四）军民一体化装备维修人才培训

高素质的维修保障人才是推动军民一体化装备维修保障建设的重要保证。装备承制单位具有熟悉装备构造原理的技术优势和实装平台的便利条件,可以为军队装备保障人才培训提供重要支援和服务保障。特别在装备研制与部署初期,通过采取跟研、跟产和跟试等多种形式,装备承制单位为军队培训装备保障的"种子"选手和技术骨干,对保障部队尽快形成自主保障能力、缩短维修能力生成周期至关重要。

1. 军民一体化装备维修人才培训的主要问题

近年来,军地双方在维修专业人才培训上密切配合,取得了明显成效,受到了部队普遍好评,对部队快速形成装备作战保障能力发挥了重要作用。但从目前的情况看,军地在装备维修保障人才培训上,还存在以下诸多问题。

（1）培训的组织管理有待进一步完善。军民一体化装备维修保障培训工作需要军队和地方相互配合，齐抓共管。但目前军民一体化装备维修保障培训管理体制还不够健全，组织管理有待进一步完善。从军队内部看，各级各单位军民一体化装备维修保障都没有专门的办事机构和人员，有的是临时机构负责，有的是指定部门兼管，培训工作纵向是断的，横向是散的，兼管人员平时很难顾的上，临时性意识比较严重，致使对军民一体化装备维修保障培训缺少全面统筹和系统规划，没有统筹考虑并组织制定军民一体化装备维修保障建设工作规划计划，培训的需求不够明确，培训规划计划的随意性大，培训经费保障不力，部分参训人员选派不合理且流动性大。从地方看，多数军工集团公司没有明确固定的支持军民一体化装备维修保障培训的牵头部门，培训任务来了应付一下，致使培训协调工作不够顺畅，责任不够清晰。

（2）培训的保障条件尚未健全。在装备人才培养中，装备承研承制单位虽然具有独特优势，但是其主要任务为研制和生产、试验装备，其培训资源和能力有限，培训的保障条件尚未健全。目前，部分承研承制单位存在培训设施缺乏、设备教具不足、教材不配套等问题。研制单位没有形成专业的教员队伍和配套的教学条件。技术培训方式传统、方法简单、手段相对落后，信息技术应用少。经费保障仍有不足且没有规范出处，军民一体化装备维修保障培训通常实行市场化运作，按照军队现有培训经费标准，缺口较大，技术培训合同不能得到全面执行，难以调动地方培训的积极性。

（3）培训质量尚未满足部队要求。主要表现为培训的针对性不强、深度不够。装备操作使用培训与维护修理培训在培训内容上差别很大，但实际培训中区分培训对象和培训内容开展分类教学较少，直接造成培训效果不佳。由于承制单位授课水平、授课内容等原因，部队急需掌握的部分内容没有得到及时培训。很多厂家培训只是初步的操作维护培训和基本原理培训，涉及高新技术装备维修和深度修理培训较少。

（4）培训的长效机制没有建立起来。现在的培训多集中在交装阶段，装备研制生产阶段的现场跟学和装备持续使用阶段的长效培训机制没有完全建立起来。部分参训人员选派不合理，且流动性大。部分人员培训后不直接使用、保障装备，也不承担对部队的再培训任务，且岗位变动较快。

2. 军民一体化装备维修人才培训对策措施

（1）要统筹人才培训规划计划。军地双方要沟通协调、统筹规划人才联合培训工作，开展有计划、多层次、多形式的培训，提高培训的针对性，拓展培训的深度和广度，进而建立长效、稳定、规范的培训机制，必要时安排专项建设资金，集中建设专业化的培训队伍。着眼提高地方保障力量的战时适应性，利用平时部队演习、重大军事活动等时机,加强一体化装备保障预案的演练,突出预定作战区域应急保障方法训练,使地方保障力量熟悉战场环境,熟悉战时装备保障任务、方法和程序,提高适应复杂战场环境下维修保障能力素质。

（2）加强军民一体化维修保障培训的组织管理。建议由装备管理机关牵头,在新装备研制阶段,即组织工业部门与部队院校联合开展装备培训训练的策划工作,包括培训时间与进度、培训专业和内容、培训设施的选择、参加培训和授课的单位和人员情况、培训教材与教具的种类与编制、培训的组织管理、教员的选拔、培训方式方法、考核方式方法、培训训练保障经费预算等,同步进行训练和训练保障资源的规划和研制工作。

（3）健全培训条件建设。加强专业化教学保障条件建设。在主机厂（所）建立培训基地（中心）,在各主要配套研制单位建立专业培训中心按照装备型号（产品）建立培训资质制度。适度增加军民一体化装备维修保障培训经费。按照装备维修人才培养过程的现实需要,对联合培训工作的各个环节、各个阶段的经费需求进行科学测算,进一步加大军民一体化装备维修保障培训工作经费总体的投入规模。

（4）采取灵活多样的培训形式。军民一体化装备维修保障人员培训,要根据部队需要设置课程,采取灵活多样的培训形式,提高培训的时效性。主要培训形式:一是厂家培训。装备承研承制单位利用自身的装备、技术、人员等优势资源建立培训基地,对部队选送部分技术军官和中高级士官进行集中培训,使其深入了解武器装备结构和工作原理,掌握装备维修技术流程和规范。厂家培训采取的主要方法有理论授课、讲解示范、自学研讨、实装训练、电教模拟等。按照装备培训的类别,可分为首装培训、专项培训、更改培训、持续培训和深化培训等。二是跟产跟修。利用装备承研承制单位组织装备生产、定型试验、接装、总装总调、返厂修理、巡回保障等时机,采取"跟产跟修"办法培养技术骨干,在装备研制生产和维修实践中锻炼培养人才。三是专家带培。对教员和技术骨干,分别采取"导师带学生""师傅带徒弟"等方式,采取"一对一"的方法进行重点培养,使其打牢专业基础,提高专业技能。四是应急培训。承保单位必须在部队处置突发事件时,根据部队要求随时提供装备安装开通、操作使用等方面的应急培训。

（5）全方位管理人才。充分发挥工厂、承研承制单位的孵化作用。利用武器装备生产、定型试验、接装、返厂修理等时机,采取工厂办班、跟产跟修、专家带培等形式为部队培训新装备技术和教学骨干等"种子选手"。基于目前我军现行的兵役制度,针对新装备技术含量高、结构复杂的基本特点,要尽量选派文化水平较高的士兵进行培训,确保培训效果。做好受训人员的保留工作,尽量不要让接受过培训的干部战士过早退伍复员,以确保部队技术力量的稳定。加快企业化与事业化装备修理工厂之间、企事业化装备修理工厂与队属装备修理所(队)之间技术人才的合理交流,引导部队高级专业士官向装备修理机构定向流动。试行从地方承修企业特聘特招技术人员,以及军队技术官兵复转定向安置于地方承修企业制度。借鉴国家有关职业资格制度的有益做法,对军地装备维修保障专业人员逐步实行统一的资格认证、持证上岗和定岗定责。建立健全装备维修保障岗位士官、士兵技术等级认证制度,逐步实行岗前培训和持证上岗,保证人才能进得来、用得上、留得住、效益高。

四、战时军民一体化装备维修保障的运行

信息化条件下局部战争强度大,装备物资消耗大,对装备维修保障的时效性要求非常高,这也使得战时军民一体化装备维修保障与平时有着很大区别。必须针对战时军民一体化装备维修保障的特点,对军民一体化装备维修保障提出要求,组织维修保障力量的实施。

(一)战时军民一体化装备维修保障的特点

与平时军民一体化装备维修保障相比,战时军民一体化装备维修保障一般具有以下特点。

1. 维修时限要求高

战时军民一体化装备维修保障的首要要求是时间上的要求,要求将装备能够迅速及时地修复投入战斗,以增加出动次数。平时装备维修时间按天或月来度量,而战时装备修理时间是按小时甚至按分钟来计算。这对战时军民一体化装备维修保障提出了非常高的时限要求。

2. 维修环境条件恶劣

平时军民一体化装备维修保障通常有固定的设施设备,而且在纯作业环境中进行。战时装备维修可能受到来自各种武器装备的袭击和电磁干扰,同时战伤装备往往处在没有任何设施的场地上,要求在缺乏动力、电源和水源等必要条件的情况下进行现地修理,容易受恶劣自然环境影响。在战场条件下,修理人员处于高度紧张状态,其思想精神面貌和生理、心理也与平时修理大不相同。

3. 损伤原因复杂

战时装备损伤主要是由于炮弹直接命中的射弹损伤,炸弹、导弹爆炸破片造成的破片损伤,或者武器冲击波和辐射所造成的损伤等。与平时由系统、设备故障或结构疲劳引起的故障原因有很大不同。战时装备遭受的损伤主要是外来干

涉的,带有偶然性,事先难以预料,进行战伤修理的部位常常是平时维修中很少遇到或完全不接触的部位。

4. 维修的技术标准与平时差异大

平时装备维修技术标准中所规定的修理工艺、规程、方法、指标、参数等是根据设计和试验结果,结合平时正常使用条件可能出现的故障等典型情况而规定的。这些技术标准是为了全面完整地恢复装备的战技术性能而制定的,但大都不适用于战时装备维修。战时军民一体化装备维修保障的目的是保证装备有最大的战斗出动强度,要求在短时间内把战伤装备恢复到可再次投入战斗的状态,甚至是使战伤装备能够使用一次,或使其能够自救,或能够到大修工厂去。为追求高速度,战时放宽维修技术标准,不仅是必须的,而且是切实可行的。

(二)战时军民一体化装备维修保障的基本要求

1. 以现地换件修理为主

组织军地修理力量直接到损坏装备现场进行换件修理,这样可以赢得装备修理的时间,保证部队及时使用,减少损坏装备后送量,节省人力物力。在器材难以保障和紧急情况下可灵活采取应急修理、拆拼修理等方法。

2. 实行集中突击修理

野战条件下由于战斗情况多变,部队随时机动转移,敌人破坏活动频繁,组织修理作业时要集中人力物力打歼灭战,不宜同时展开过多。对于装备,特别是大型装备,不宜大拆大卸、完全分解,而是随拆随修随装。

3. 坚持以军为主

战时军民一体化装备维修保障要坚持专业分队和操作人员相结合,部队和地方技术力量相结合。其中,部队专业修理部(分)队是战时装备修理的主要力量,动员、吸纳、引导地方保障力量积极参与装备维修保障活动。

(三)战时军民一体化装备维修保障的组织实施

军民一体化装备维修保障的战时运行,包括军队建制维修保障力量的战时运用和地方维修保障力量战时运用两方面内容。由于军队保障力量的战时运用已经有相关法律法规明确规定,因此本书着重研究地方装备维修保障力量的运用问题。地方装备维修保障力量的运用,要明确战时地方保障力量承担任务的范围与类型,制定完善地方保障资源战时动员预案,规范战时保障合同的签订、执行、违约处理等一系列方法措施,规定地方保障力量的编组与运用,统筹考虑地方保障力量的安全、管理以及伤亡抚恤等一系列问题,并在国家、军队一系列法规制度中加以体现。按照地方维修保障力量运用程序,地方维修保障力量运用主要包括筹集地方装备维修保障力量、编组地方维修保障力量、确定地方力量保障方式、实施保障勤务、组织地方维修保障力量归建等内容。

1. 筹集地方维修保障力量

筹集地方装备维修保障力量,要以军方需求和地方装备承保单位实力为依据,结合地方保障力量动员筹集预案,在各军工集团公司、地方国防科技工业部门等指导下,由地方装备承保单位牵头,军事代表机构或上级管理机构参与联合实施。抽组地方装备维修保障力量,要做好人员审查工作。军事代表机构或上级指定机构应当参与和督促相关装备承保单位对抽组人员素质进行审查,对执行特殊任务人员,应按照军方提出的专项标准进行审查,对审查不合格的人员,应当及时调整。被抽组人员必须坚持定人定岗,不能重复抽组或者编入其他支前队伍。人员审查要根据军方提出的要求,重点审查人员四个方面的素质。一是政治素质,一般包括政治立场、政治态度、政治观点、政治纪律,这是地方维修保障力量战时完成维修保障任务的前提条件。二是身体素质,一般包括体质、体力和精力,这是完成维修保障任务的基本条件。战时地方保障人员应具备较强的身体素质,能够参加正常的军事训练,并根据具体任务要求控制年龄上限。三是专业素质,一般包括对专业理论、专业方法的掌握程度和解决实际问题的能力,是完成战时装备维修保障任务的核心条件。四是心理素质,一般包括事业心、责任感、创新意识、心理承受能力、心理健康状况等,是制约和影响其他素质发挥的重要因素。

2. 编组地方维修保障力量

借鉴外军成功经验,结合我军装备的特点和保障现状以及地方保障力量参与装备保障的可能性和深度,可分为三种模式。一是地方保障力量"辅助型"编组。就是将地方保障力量作为技术骨干力量,与军队建制保障力量一同编组使用的装备保障模式。二是地方保障力量"主力型"编组。就是以地方保障力量为主体,以军队建制保障力量为补充,配备必要的安全防卫和通信保障力量的编组形式。三是地方保障力量"独立型"编组。完全由地方保障力量组成的编组形式,它通常以装备总装厂牵头,组织其配套厂(所)保障人员组成,主要用于技术含量比较高的大型武器系统的维修保障。

3. 确定地方力量保障方式

地方力量战时通常采取定点保障、机动保障、区域保障、伴随保障、远程支援等保障方式。定点保障是指在固定地点开设装备维修保障机构实施装备维修保障的方式。此种方式使保障机构处于一个相对静止、稳定的位置和环境中,是地方力量战时保障的主要方式。机动保障是地方保障力量通过机动手段到达保障地点对装备进行保障的方式。机动保障可以使保障力量最大限度地接近被保障部队和装备,缩短保障需求与保障行动之间的空间差和时间差,达到较高的保障及时性和应变能力。但这种保障方式往往受战场环境条件的制约,难于保证有较为稳定的装备维修保障环境,通常与定点保障方式相结合运用。区域保障,也称划区保障,是装备维修保障机构按划分的区域组织实施的保障。采取按区域保障的方式时,通常根据作战方向或地区划分若干保障区,在保障区内整合作战地域内军队建制保障力量、地方保障力量和预备役保障力量在内的各级各类保障力量。在区域保障中要注意发挥军代局的桥梁纽带作用,地方保障力量可由所在区域军代局牵头组织。伴随保障是组织地方保障力量随同部队或分队一起行动,直接为其提供保障的一种装备维修保障方式。这种方式可以最大限度地消除保障力量和保障对象之间的空间和时间差,从作战编成和行动上实现作战力量和保障力量的一体化,可以提供最及时和最佳的保障效益。但是,由于作战力量和地方保障力量毕竟是两种不同力量,其基本任务和对战场环境等条件的要求不同,因而地方保障力量伴随保障仅适合作战强度比较低的任务。远程支援,指对于作战强度比较高的任务,可利用卫星通信等信息网络,将前方部队和后方技术专家紧密结合起来,为前方装备使用及维修提供及时准确的技术指导和决策支持,提高维修保障的及时性以及维修资源利用的广泛性。

4. 开展地方力量保障勤务

战时地方保障力量保障勤务,主要包括装备技术准备、装备维护、装备修理以及设备和维修器材供应等。

装备维护修理。未来作战,地方维修保障力量负责保障的装备往往结构复杂、技术含量高,加上使用时间长、强度大,只有进行大量的维护工作,才能使其保持较高的完好率和参战率。地方保障力量应充分利用作战间隙、作战阶段转换、部队进行调整、短期休整或变换作战任务等时机,实施装备维护和修理。修理时要将应急修理与按技术标准修理结合起来,灵活运用原件修理、换件修理、拆拼修理等方法,按照先主要作战方向,后次要作战方向;先指挥装备、战斗装备,后其他装备;先易修装备,后难修装备开展维修。

装备技术准备。装备技术准备是充分发挥参战装备作战性能、遂行各种作战行动的基础和前提,主要包括装备的技术检查、装备的组装、装填、加挂,仪器仪表的计量、检定和调试,舰艇消磁,武器装备技术状态转级,保障设备和维修器材的检查与测试等。地方保障力量在技术准备中要周密计划、充分准备,严把质量,精心组织。

设备和维修器材供应。地方保障力量在临战储备的基础上,负责供应的是部队一时无法筹措而又急需的设备和维修器材。这些由地方保障力量携带或紧急筹措到使用部队的设备和维修器材,作战中由使用单位统一调配,原则上仍由地方保障力量使用。所发生的相关经费,或者按照军方与地方保障力量有关售后服务条款执行,或者列入战时经费支出。

技术支援。在装备承制(保)单位建立充实技术支援机构,抽调技术骨干,普遍建立专业化技术服务团队,实行 24 小时值班制度,快速响应部队技术支援申请。在装备承制(保)单位设立热线电话,受理部队维修申请,为部队提供装备安装调试、使用维护、检测修理、软件升级等技术咨询。充分运用现代信息技术优势,依托军队综合信息网在军代室建立远程技术支援平台,由装备承制(保)单位为部队提供远程可视化技术支援。

5. 组织地方维修保障力量归建

组织地方维修保障力量归建是指组织地方维修保障力量回归原单位的过程。地方维修保障力量的归建可分为两种情况。

(1)已编入预备役的地方维修保障力量完成保障任务后,由使用部队清点登记、总结鉴定、评功评奖后,归建原预备役部队,相关组织程序及手续按照预备役部队管理有关规定执行。此后再根据复员命令和指示,由预备役部队组织地方维修保障力量返回原单位,并办理复员交接手续,返回原工作岗位。与总体单位一起编入预备役的配套单位的保障力量,需要组织国防科技工业系统内部的归建。时机为预备役部队办理完复员手续之后。内部归建手续由总体单位及上级指定机构组织其地方维修保障力量返回本单位,并恢复其工作岗位,完成国防科技工业系统内部的归建。

(2)未编入预备役的地方维修保障力量完成保障任务后,由使用部队清点登记,进行总结和工作鉴定。总结和工作鉴定的结果要逐级上报,并及时通知各军工集团公司、地方国防科技工业管理部门等,同时协调军方与国防科技工业系统之间的归建时间、地点、方式等问题。军方与国防科技工业系统之间的归建,由有关部门地方承保单位、使用部队和军事代表机构三方的代表共同办理。与总体单位一起编组的配套单位的保障力量,需要组织国防科技工业系统内部的归建,与上述内部归建类似。

第六章　军民一体化装备维修保障的管理

军民一体化装备维修保障的管理,是指为实现一定的维修保障目标而对军民一体化装备维修保障系统诸要素进行决策、计划、组织、协调和控制的活动。军民一体化装备维修保障管理作为装备管理的重要组成部分,是装备保障活动的产物,并伴随社会生产力、科学技术和维修保障实践的发展,不断由低级向高级、由简单向复杂发展。在新的历史时期,加强军民一体化装备维修保障管理,对于有效提升装备维修保障效能具有极为重要的意义。

一、军民一体化装备维修保障管理的特点、职能与原则

军民一体化装备维修保障在整个装备保障活动中的作用越来越突出,这对军民一体化装备维修保障管理提出了一些新的要求。科学把握军民一体化装备维修保障管理的特点规律,正确认识军民一体化装备维修保障管理的职能作用,对于搞好军民一体化装备维修保障建设具有重要的意义。

(一)军民一体化装备维修保障管理的特点

军民一体化装备维修保障管理涉及经济、军事、科技、管理等多个领域,与普通民用装备维修保障、军队装备维修保障管理既有相同之处,也有着明显区别。

1. 趋一性和多样性的统一

军民一体化装备维修保障的整体性要求决定了维修保障管理的规范趋一性,而军民一体化装备维修保障管理对象的复杂性,要求维修管理必须采取多种方法。因此,规范趋一性和方法多样性的统一是军民一体化装备维修保障管理的一个基本特点。军民一体化装备维修保障作为一个由诸多主、客体构成的系统,其功能的发挥有赖于这些主、客体之间的有机结合和有序互动,而要实现主、客体之间的这种有机结合和有序互动,如果没有统一的法规和制度对其规范,就会出现杂乱无章的局面,军民一体化装备维修保障的功能也就难以实现。军民一体化装备维修保障管理的基本职能,就是要建立一整套法规和制度对军民一体化装备维修保障主、客体之间的结合和互动进行规范,确保它们的有机结合和有序互动。从这个意义上讲,没有规范,就没有军民一体化装备维修保障管理。

世界各国在军民一体化装备维修保障实践中都总结制定了一系列的维修保障条令、条例和各种业务管理的规章制度,包括各项维修保障标准、业务建设标准、器材储备标准、维修技术标准、工资奖励惩罚标准等,形成了较为系统的维修保障管理规范体系。通过规范管理,统一军民一体化装备维修保障工作任务分工、职责权限,形成维修保障的合力。尽管各国的国情军情不同,但规范的内容和标准大体类似,且随着社会的发展和科技的进步,这些规范的类似程度日益提高,逐渐趋于一致。军民一体化装备维修保障是一项业务众多、技术繁杂的工作,不同的业务和技术有着不同的特点,对不同业务和技术的管理,在方法上也不相同。要实现军民一体化装备维修保障管理目标,必须解决管理方法问题。管理方法正确与否,关系到能否按照客观规律办事,能否把各方面的积极性、创造性充分调动起来,能否最合理、最有效地使用维修的人力、物力、财力和技术,最大限度地提高维修保障管理效益。管理方法在整个军民一体化装备维修保障管理系统中占有重要地位。由于装备维修保障管理工作的复杂性、多规律性,决定了维修管理方法的多样性。特别是现代科学技术的发展,为管理方法创新开辟了广阔的前景,使维修保障管理形成了一个既具有各自独立特性,又具有相互联系,互补性强的多方法融为一体的维修管理方法体系。在这个体系中,既有行政方法、经济方法、法规方法、思想工作方法等传统方法,也有责任制管理、目标管理、标准化管理等现代综合管理方法,还有线性规划、价值工程等专业管理方法。在军民一体化装备维修保障管理中必须依据不同的管理对象、空间和时间,灵活地选择某种管理方法,或几种管理方法加以综合使用才能达成管理目的。

2. 军事性与经济性的统一

装备维修保障既具有很强的军事性,又具有很强的经济性,军事性和经济性的统一是军民一体化装备维修保障管理的一个基本特点。军民一体化装备维修保障是为军事斗争及其准备服务的,必须服从和服务于军事斗争及其准备工作,军民一体化装备维修保障活动必然要受军事管理规律的制约。这就是说,军民一体化装备维修保障具有很强的军事性特点。具体地说,军民一体化装备维修保障管理既有一般管理的属性,又具有显著的自身特点,而不同于地方企业管理。企业管理的唯一目标是提高经济效益,而军民一体化装备维修保障的基本目标是提高装备完好率,其终极目标是提高军队战斗力,保障军事斗争的胜利。为此,军民一体化装备维修保障管理必须采取一些与军事要求相适应的高强度、非常规的管理措施,使之具有高水平的适应现代战争需要的维修保障能力。这就要求军民一体化装备维修保障管理不但具有一般管理的共性,而且还具有军事的集中性、统一性、纪律性、保密性、准确性、时效性、严格性等个性。装备维修保障作为一种通过一定投入产出"维修保障服务"的经济活动,是国防军工实力转化为军事力量的重要方面。装备维修保障要完成这种转化,必须依靠决策、计划、组织、调控、控制等一系列的管理活动才能实现。由此决定了渗透于维修工作中的管理活动必然具有经济性的特点。特别是军民一体化装备维修保障中地方维修企业广泛参与,其追求经济利益最大化的基本目标使装备维修保障管理的经济性进一步增强。军民一体化装备维修保障的经济性特点要求维修管理必须遵循经济规律,发挥经济杠杆的作用,提高装备维修的经济效益和保障效益。

3. 社会性与自然性的统一

军民一体化装备维修既具有社会行为性,又具有业务规律性。社会行为性与业务规律性的统一是军民一体化装备维修保障管理的基本特点之一。就军民一体化装备维修保障管理的主体,即管理者而言,管理者是矛盾的主要方面,起决定性作用,军民一体化装备维修保障管理的过程是装备维修保障管理者的行为过程,也就是说管理中包含着管理者或管理集团的意志。从全体上说,军民一体化装备维修保障管理包含管理者的阶级意志;从个体上说,由于管理者个人的素质差异,它也包含着情况各异的个人意志。军民一体化装备维修保障管理者的这种主观性,实质上是管理主体的社会行为性,即社会属性。就军民一体化装备维修保障管理的客体,即维修保障工作而言,维修保障工作是一项业务性、技术性很强的工作,有它内在的业务规律性,客观上要求维修管理者只能遵循装备维修业务和技术的基本规律,才能把维修保障工作搞好。这就要求在军民一体化装备维修保障实践中,必须把管理的主观性和客观性有机统一起来,实现社会行为性和业务规律性的有机统一。

(二)军民一体化装备维修保障管理的职能

军民一体化装备维修保障管理的职能是管理者为实现军民一体化装备维修保障的目标而进行的管理活动及其功能。我们认为军民一体化装备维修保障系统的职能主要包括计划、组织、领导、协调和控制。这五项职能既相对独立、相互区别,又相互渗透、相互影响,环环相扣,围绕实现军民一体化装备维修保障系统目标构成了一个有机的统一整体。研究军民一体化装备维修保障管理的职能,对厘清军民一体化装备维修保障管理的范围、摆正其位置,确保高效地实现军民一体化装备维修保障目标具有重要意义。

1. 军民一体化装备维修保障管理的计划职能

计划是军民一体化装备维修保障管理者对军民一体化装备维修保障未来行动进行的预先筹划和安排,是军民一体化装备维修保障管理的首要职能。军民一体化装备维修保障管理计划的作用,主要体现在以下四个方面。一是指明目标方向。计划可以使军民一体化装备维修保障各级管理者能够较明晰地展望未来,预见可能产生的变化以及这种变化可能带来的后果,从而可以提前制定相应的对策。计划越具体、科学,就越能够减少管理中的不确定性,使管理者在更大空间和时间跨度中预见到行动的结果。二是协调军民一体化装备维修保障行动。一方面,计划可以确定维修保障项目和维修资源保障的优先顺序,协调军地维修保障主体的各种关系;另一方面,通过计划,军民一体化装备维修保障管理者和被管理者可以清楚所要达到的目标以及为达成目标应做出何种努力,从而能在理性自觉的基础上相互合作,协调一致地行动。也就是说,军民一体化装备维修保障管理者与被管理者只有通过计划增进相互了解并按计划展开工作,才能真正统一意志,协调行动。三是提高管理效益。计划可以减少军民一体化装备维修保障中重复性和浪费性活动,通过计划实施之前的军地维修保障主体之间、装备维修保障主体与装备使用单位之间的协调过程,可以发现哪些工作不必要做;当手段和结果逐步清楚时,还可以逐步发现并解决维修保障工作中的低效率问题。四是控制工作进程。军民一体化装备维修保障计划设立的目标和标准为控制工作提供了依据,在计划实施过程中,可以将实际工作效果与计划中的目标进行比较,发现可能出现的重大偏差,从而及时采取必要的纠偏措施。拟制军民一体化装备维修保障计划的程序详见本章第二节"军民一体化装备维修保障的计划管理"。

2. 军民一体化装备维修保障管理的组织职能

军民一体化装备维修保障计划制订以后,就需要执行落实。组织是执行计划、落实计划的关键阶段,是军民一体化装备维修保障的基本职能,其内涵是为了达到军民一体化装备维修保障目标而把各种管理要素组合起来。从管理学的角度理解,组织本身有双重含义,是相对静态的社会实体单位和动态的组织活动过程的统一。作为军民一体化装备维修保障管理职能之一的组织也是如此。作为静态的组织实体,组织指的是为实现军民一体化装备维修保障目标而建立的组织结构和机构。如军民一体化装备维修保障宏观决策机构、中观协调机构和微观执行机构等各级组织。作为动态的组织工作,组织即意味着军民一体化装备维修保障各级为实现既定目标而合理安排维修人员、器材、设备、经费,使之结合成具有特定功能的系统性或整体性的活动及其过程。关于军民一体化装备维修保障管理组织的结构请详见第三章第二节"军民一体化装备维修保障系统的结构"。军民一体化装备维修保障管理的组织活动主要包括以下三个方面内容。一是明确任务。根据需要与可能将军民一体化装备维修保障总任务分解成各个项目,并分配给军地各个维修保障主体。必要时打破单位建制,按照军民一体化装备维修保障任务要求,建立与之相应的临时部门,并确定其职责范围,根据其承担的责任赋予相应的权力。二是明确关系。对军民一体化装备维修保障组织机构中的全体人员指定职位、明确职责、交流信息、协调工作,建立信息沟通渠道,以保证军民一体化装备维修保障组织活动的连续性和有序性。三是适时调整。在军民一体化装备维修保障组织活动的过程中,要适时进行局部调整,解决可能出现的各种矛盾和冲突,确保军民一体化装备维修保障各部门、各层次以及维修保障活动各环节相互协调、衔接统一,使军民一体化装备维修保障管理活动保持一种动态平衡关系。

3. 军民一体化装备维修保障的领导职能

在军民一体化装备维修保障管理计划的组织实施过程中,必须有一股力量来促使参与装备维修的相关单位、人员采取一致行动,并使行动最终达成目标。这股力量就是领导职能,领导是军民一体化装备维修保障管理的重要职能。领导的本质是一种影响力,是为军民一体化装备维修保障组织及其成员确立目标并使他们为实现目标而努力工作的影响力。军民一体化装备维修保障领导的内容主要包括以下几个方面。一是指明目标。领导一个重要方面就是给下属指明目标和奋斗方向。二是协调矛盾。在军民一体化装备维修保障组织里,由于各部门和人员处于不同的地位,行使不同的管理职能,或者由于利益冲突,或者由于信息受阻,组织内部往往会产生不协调,甚至矛盾。作为领导者有必要解决军地之间、部门之间、个人之间的冲突和矛盾,使整个组织目标一致、行动统一,共同实现既定目标。三是发布命令。通过下达命令、指示等形式,对部属及时进行指导和帮助,使军民一体化装备维修保障组织内部不同人员的意志都服从于统一、权威的意志,将军民一体化装备维修保障计划和决心变成全体成员的统一行动。四是直接管理。领导与下级的直接接触越多,所掌握的各种情况就会越准确,指导与领导工作就会更加有效。五是沟通联络。领导要及时将军民一体化装备维修保障组织内部和外部信息,传递到各个需要的部门和人员,让他们了解组织的动态和变化,以便做出正确的决策。六是实施激励。依靠思想工作及心理激励等手段,鼓励下级自愿地、积极地接受任务,主动地、创造性地完成任务,可以大大提高军民一体化装备维修保障工作效率和质量。

4. 军民一体化装备维修保障管理的协调职能

军民一体化装备维修保障虽然组织严密,集中统一,分工明确,联系紧密,但由于任务艰巨,专业复杂等原因,军地装备维修保障部门、人员在接受领导、执行任务时,相互之间往往会产生矛盾和冲突,影响任务的完成。因此,在军民一体化装备维修保障管理活动中同样需要协调,协调是军民一体化装备维修保障管理的基本职能,是军民一体化装备维修保障管理过程的一个重要环节。军民一体化装备维修保障管理中的协调,就是调整军民一体化装备维修保障系统内部诸要素之间以及系统与环境之间的关系,使系统的不同单位或部门相互配合、步调一致地实现管理目标的活动。协调的作用主要是妥善解决局部利益与全局利益的矛盾。协调的功能就是最大限度地减少以至杜绝局部对全局的消极作用。因此,协调工作的意义主要在于,既要使各个局部在全局的统一意志下行动,又要充分发挥各个局部的功能,从而使军民一体化装备维修保障系统产生最大的整体合力。军民一体化装备维修保障协调的方法主要有会议协调、合署办公、请示汇报、通过第三方协调、发布指示、沟通协调等。

5. 军民一体化装备维修保障管理的控制职能

在军民一体化装备维修保障管理活动中,为了使各项管理活动能在既定的轨道上有效运行,必须进行控制。控制是军民一体化装备维修保障管理的基本职能,是指检查军民一体化装备维修保障工作是否按既定的计划、标准和方法进行,及时发现偏差,分析原因,进行纠正,以确保军民一体化装备维修保障目标的实现。控制活动贯穿于军民一体化装备维修保障系统运行全过程,几乎包括维修管理人员为保证实际工作与计划一致性所采取的一切活动。一般来说,维修保障控制过程中采取的更正措施是使实际工作符合原来的计划目标,但有时也会导致更换目标和计划,改变维修组织机构,更换人员以及其他重大的变革。在军民一体化装备维修保障管理活动中,控制既是一次管理循环的终点,是保证军民一体化装备维修保障计划得以实现和军民一体化装备维修保障组织按既定方针发展的管理职能,又是新一轮管理循环的起点。军民一体化装备维修保障控制的基本过程有三个步骤:确定标准、衡量绩效和采取纠偏措施。在实施军民一体化装备维修保障控制时,要及时进行,讲究效益,措施要严密,防止越权。

(三)军民一体化装备维修保障管理的原则

军民一体化装备维修保障管理的原则,是指用以指导军民一体化装备维修保障管理实践的规范和准则,是军民一体化装备维修保障管理指导规律的具体体现。人们在军民一体化装备维修保障管理实践中,对认识到的军民一体化装备维修保障管理活动的规律进行提炼、概括,总结出用以指导军民一体化装备维修保障管理实践的主观认识,由此形成了军民一体化装备维修保障管理原则。军民一体化装备维修保障管理原则是随着军民一体化装备维修保障实践的发展而不断完善。当前,军民一体化装备维修保障原则主要有以下几个方面。

1. 集中统一

军民一体化装备维修保障是一个多专业、多部门、多层次的综合系统,只有坚持集中统一管理,才能有效避免各自为政,保证维修保障系统协调一致,形成整体保障能力。坚持集中统一原则,重点要做到以下三点:一是军民一体化装备维修保障要从提高军队战斗力出发,服从装备整体建设的需要;二是军民一体化装备维修保障要服从和服务于国家经济建设大局,与国家经济建设协调发展;三是军民一体化装备维修保障要以提高装备维修保障效能为目标。

2. 讲求效益

军民一体化装备维修保障的实质是满足装备保障需求为目的军事经济活动,只有努力提高维修保障的军事经济效益,才能以有限的维修费用为部队提供有力的保障。因此,军民一体化装备维修保障必须坚持讲求效益的原则,以尽可能少的人力、物力、财力等资源投入和消耗,最大限度地保障军队作战和建设需要。讲求效益,既要讲求军事效益,也要讲求经济效益。军事效益和经济效益是辩证统一的,前者反映了维修保障管理成果与战斗力的关系,后者反映了维修保障管理成果与资源消耗的关系。提高军事效益和经济效益是效益原则的本质,也是军民一体化装备维修保障管理追求的目标。追求军民一体化装备维修保障效益具体表现在讲求经费的节约效益、器材设备采购和管理效益、设施设备的使用效益等多方面。

3. 优化系统

优化系统是指把军民一体化装备维修保障管理活动当作一个整体来看待,运用系统方法进行预测、决策、控制和协调,合理地调度使用军地维修保障人力、物力、财力,以达到提高装备维修保障管理的整体效率的目的。运用军民一体化装备维修保障管理的优化系统原则,要着重把握好"三性"。一是相关性。军民一体化装备维修保障系统各构成部分是相互联系、相互作用的,维修保障管理者必须正确认识和把握这一特性,利用信息的流通,及时对军民一体化装备维修保障系统的各部门、各环节进行协调控制,使修、救、供等协调一致地朝着管理目标运转,充分发挥整体力量。二是目的性。就是根据客观条件的需要与可能,确定管理的目标,通过系统分析和系统设计,提出达到管理目标的各种方案,并通过科学评估选择最佳方案。三是整体性。就是把各个管理对象看作一个整体,把装备及其配套的设施、设备、仪器、工具、器材、资料等维修保障部分进行通盘考虑;把管理过程也看作一个整体,从武器系统全寿命,统筹考虑装备维修保障,使装备在"好保障"基础上实现"保障好"的目标。

4. 依法管理

军民一体化装备维修保障管理依法管理原则是指在军民一体化装备维修保障管理活动中,必须牢固树立法治理念,严格遵循依法办事的行为模式。首先,要牢固树立法治理念。只有树立法治理念,才能真正保证管理的科学性、合理性,才能真正实现军民一体化装备维修保障建设不因领导人的改变而改变,不因领导人的看法和注意力的改变而改变。其次,要求各维修保障主体严格遵循依法办事的行为模式。军民一体化装备维修保障管理必须以法规制度为依据,无论军队维修保障主体还是地方维修保障主体都应当严格行使法规制度所规定的职权或严格履行所承担的义务。尤其是军地维修保障主体在执行维修保障任务时，必须真正做到严格依法办事，严格按照合同规定的程序权限行使，不随意变通，不以情代法。只有这样，才能真正维护法制的权威性和严肃性，改变管理活动中存在的蔑视法制、漠视法制的意识，克服军民一体化装备维修保障管理工作中的随意性和有法不依等不良现象。再次，坚持依法管理原则，强调军民一体化装备维修保障管理活动中法治方法和手段的运用，但并不排斥经济、行政等其他管理的方法和手段，而是在这些方法和手段中引入法律机制，实现军民一体化装备维修保障管理活动的规范化、法制化。

二、军民一体化装备维修保障的计划管理

所谓军民一体化装备维修保障计划管理，就是按照军民一体化维修保障计划，把装备维修保障管理部门的各项工作以及期望达到的目标统一起来，对各项维修保障工作的内容、步骤和实施程序加以科学地安排和规定，以适应计划实施和完成需要的管理。计划是军民一体化装备维修保障管理的起点，实现计划又是军民一体化装备维修保障管理的目的，计划管理贯穿于军民一体化装备维修保障的全过程，在军民一体化装备维修保障管理中具有极其重要的作用。

（一）军民一体化装备维修保障计划

军民一体化装备维修保障计划是指军队和国家有关部门对装备维修保障的准备与实施预先做出的部署与安排，是进行军民一体化装备维修保障的各项内容、范围、任务分工、程序、方法、措施和时限的安排。军民一体化装备维修保障计划通常不单独拟制，它通常作为全军装备维修保障计划的子计划，与全军装备维修保障计划一并拟制。军民一体化装备维修保障计划有多种分类方法，按计划周期或时间序列划分，通常可分为军民一体化装备维修保障发展战略、军民一体化装备维修保障发展规划和军民一体化装备维修保障五年计划和年度计划；按内容或计划的涵盖面划分，通常可分为军民一体化综合性装备维修保障计划和专项军民一体化装备维修保障计划；按计划的形式和职能划分，可分为指令性军民一体化装备维修保障计划和指导性军民一体化装备维修保障计划；按计划的性质或功能划分，可分为军民一体化装备维修保障需求计划和军民一体化装备维修保障实施计划。军民一体化装备维修保障计划，既是军民一体化装备维修保障的方向与目标，也是实现军民一体化装备维修保障的行动方案。它是军

民一体化装备维修保障的基本依据,是组织军地维修保障力量进行装备维修保障的重要措施,也是军民一体化装备维修系统运行管理的基本手段,是提高装备维修保障工作效率的重要途径。

(二) 制定军民一体化装备维修保障计划的程序

由于装备维修保障系统增加了地方维修保障主体要素,系统的结构功能会发生改变,反映在军民一体化装备维修保障计划制定方面,必然与军队维修保障系统计划的制定有所区别。我们认为,要按照"军队提需求,地方抓落实"的总思路,拟制军民一体化装备维修保障计划。

制定军民一体化装备维修保障计划的基本程序是:由军队军民一体化装备维修保障归口管理部门或办事机构汇总并提出军队装备维修保障需求计划—上报总装备部审批—抄送工信部(科工局)—地方装备维修保障归口管理部门或办事机构进行任务分解并提出装备维修保障落实计划—上报工信部(科工局)审批—上报国务院和中央军委批准—在军民一体化装备维修保障过程中修订和完善装备维修保障计划。

1. 制定军民一体化装备维修保障需求计划

装备维修保障需求计划是编制军民一体化装备维修保障实施计划的基本依据,对编制装备维修保障实施计划具有重要的指导作用。对地方保障需求计划由军队军民一体化装备维修保障归口管理部门提出。装备维修保障需求计划提出的基本程序和运作方式是:统一部署—分解落实—需求拟制—收集汇总—评估审核—报批抄送。统一部署,即全国军民一体化装备维修保障归口管理部门适时召集各军兵种装备部和总部分管有关装备的部门,统一军民一体化装备维修保障需求提出的指导思想、基本原则、内容分类、完成时限和方式方法等;分解落实,各军兵种装备部和总部分管有关装备的综合计划部门再将任务二次分解到维修相关业务部门;需求拟制,由维修相关业务部门拟制交地方修理的装备维修保障需求计划;收集汇总,各军兵种装备部、总部分管有关装备部门维修计划部门收集本单位的拟交地方修理的需求计划上报全国军民一体化装备维修保障办公室。全军军民一体化装备维修保障归口管理部门以军兵种和总部分管有关装备部门为基础,按照装备维修需求的类别,统一汇总,形成全军交地方维修的装备总需求;评估审核,即全军军民一体化装备维修保障归口管理部门聘请有关专家对军民一体化装备维修总需求分类进行评估审核,确定优先保障次序,拟制全军军民一体化装备维修保障总需求的校正案;报批抄送,即全军军民一体化装备维修保障总需求的校正案待总装备部批准后,抄送国务院工信部(科工局),如图 6 - 1 所示。

104

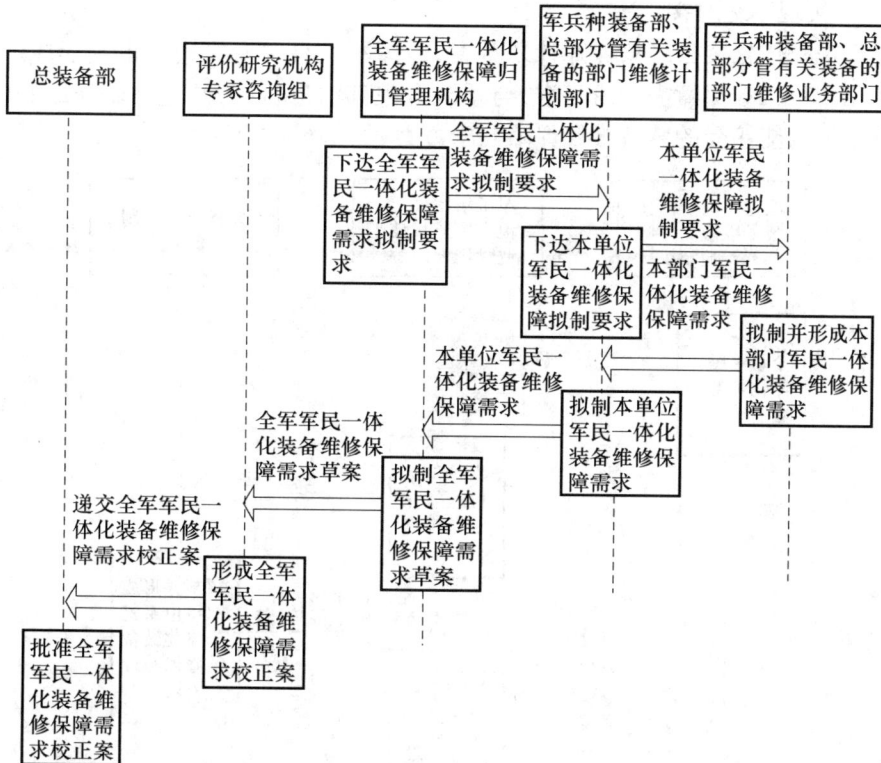

图 6-1 制定军民一体化装备维修保障需求计划

2. 分解落实

地方军民一体化装备维修保障归口管理部门在接到军队装备维修保障需求计划后,立即组织人员编制本部门、本地区的军民一体化装备维修保障计划草案,然后逐级汇总上报。其实施的基本程序和运作方式是:任务分解—计划编制—收集汇总。任务分解分类,即地方军民一体化装备维修保障归口管理部门或办事机构将军队装备维修总需求计划(方案)按照各军工集团公司、地方国防工业管理部门进行任务分解,各军工集团公司、地方国防工业管理部门根据所属装备承研承制单位、本地区所属装备修理机构再次分解任务;计划编制,即各级地方装备维修保障机构组织人员编制本部门、本地区的军民一体化装备维修保障计划草案;收集汇总,即地方军民一体化装备维修保障归口管理部门或办事机构将各部门和地区编制的装备维修保障计划草案分门别类地自下而上逐级进行汇总,形成军民一体化装备维修保障计划草案。

3. 实现军地对接

军民一体化装备维修保障计划草案,组织军地有关专家进行审议形成军民一体化装备维修保障需求校正案,与军队有关部门进行协商,进一步修改完善,形成军地均能接受的装备维修保障需求方案,如图6-2所示。

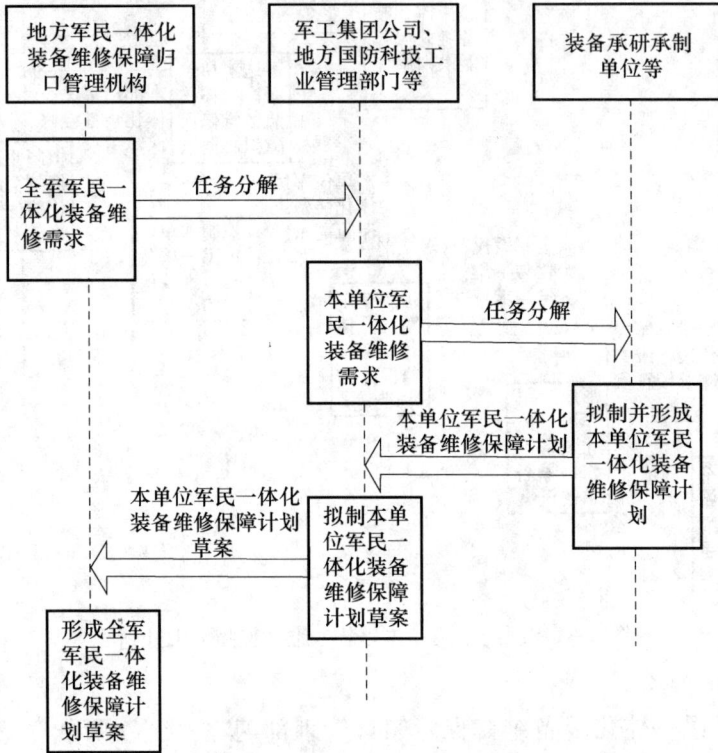

图6-2　形成军民一体化装备维修保障计划草案

4. 上报批准

即将初步协商的方案形成装备维修落实规划或计划,交总装备部和工信部审议,并根据审议所提出的意见修正落实计划,然后报中央军委和国务院审批。

5. 修订完善

军民一体化装备维修保障计划由中央军委和国务院批准后,由军民一体化装备维修保障主管机构逐级下达,并指导军地各部门、地区落实军民一体化装备维修保障计划。在军民一体化装备维修保障实施的过程中,各级军民一体化装备维修保障主管部门要定期对计划落实情况进行监督检查,并根据情况的变化实时修订和完善军民一体化装备维修保障计划,确保军民一体化装备维修保障方案的落实。

106

（三）计划管理需注意的问题

1. 要科学确定军民一体化装备维修保障需求

需求牵引是军民一体化的源头和根本导向。在推进军民一体化装备维修保障中坚持需求牵引，主要是指以打赢信息化条件下局部战争为核心的装备维修保障需求。坚持需求牵引是确保军民一体化维修保障正确方向的根本保证，是在军民一体化装备维修保障中贯彻战斗力这一根本标准的重要体现，也是对军队在一体化工作中地位作用的准确阐述。当前，进一步强化需求牵引，军队要更加主动地破除自称体系、自我保障的观念和做法，进一步规范需求提报机制，形成研究提出和分析论证的基本工作程序，使军事需求的提报论证工作规范化；要进一步加强军地衔接，按照归口上报、综合平衡、审核确定、落实反馈的程序，建立军地需求对接机制，对军民一体化维修保障重大需求进行协调和综合平衡。

2. 要建立专家辅助决策制度

组织军内外有关部门和专家，严格按照规定的程序和要求，对交地方的装备维修项目进行系统论证和综合评估，确保军民一体化装备维修保障计划的科学性、针对性和有效性，并实行装备维修计划论证和决策责任追究制度。

3. 要开展地方装备维修保障资源调查

地方装备维修保障资源是满足装备维修保障需要的物质基础，是编制各种装备维修保障计划的基本依据。为使军民一体化装备维修保障计划符合客观实际，在制订计划过程中，必须采取多种方法，对装备维修保障资源进行广泛深入地调研研究，尽可能掌握第一手材料，切实摸清地方保障底数。

三、军民一体化装备维修保障的合同管理

装备维修合同是指为使装备恢复到规定技术状态，由装备部门或授权的其他机构与装备承修单位就装备修理的权利义务关系而订立的协议。军民一体化装备维修合同管理是指对涉及军地双方的装备维修合同订立、履行、变更、监督等一系列有组织的活动。一般来说，对于地方参与的保障行动均采用合同管理，以书面形式订立，采取不同的保障合同或协议，实施规范化、正规化管理和约束。军民一体化装备维修保障合同管理的核心是按照市场经济条件下合同管理的基本做法，满足多样化军事任务的不同需求，便于采取规范化的管理方式，遵循国家层面的法律约束，着力在合同的类型、签订、执行、违约处理等方面进行规范。随着社会主义市场经济的不断完善和深入发展，"以计划为主要管理方式和手

段"的装备维修管理,逐渐向"以计划与合同并重管理方式和手段"的军民一体化装备维修保障方向改革。军民一体化装备维修合同管理成为军民一体化装备维修保障管理的重要内容。

(一) 实施合同管理的必要性

1. 装备维修保障走向法制化的需要

军民一体化装备维修保障合同是反映军队维修保障与地方之间进行经济往来的重要法律形式,对其进行合同管理是维护军地双方合法权益,保障装备维修工作秩序的重要法律手段,对武器装备信息化建设的发展和军队法治化建设都发挥着重要的作用,是我军装备维修保障工作走向法治化的必然需要。

2. 军地双方权益保证的必要手段

合同对当事人都具有法律约束力,通过签订合同,可以明确双方责任,促进军地双方有效履行合同条约。若在履约过程中出现违约现象,可以通过《中华人民共和国合同法》《中华人民共和国民事诉讼法》《中华人民共和国国防法》等一系列法律法规进行民事法律制裁,必要时还可进行刑事法律制裁,确保军地双方权益得到保护。

3. 有助于维修保障质量的提高

由于现代高新技术装备具有系统复杂、技术密集、知识密集、配套难度大、质量要求高的特点,给装备维修保障工作提出了新的更高要求。通过维修保障合同管理,既体现了国家法律和军队法规的要求,又与装备发展要求相适应,可以进一步规范装备维修工作,有助于提高装备维修保障质量和水平。

4. 有利于装备承修单位管理水平和维修能力逐步提高

在合同管理的具体实施过程中,军方的各级合同管理人员依据相关法律条例提出工作要求,都会间接转化为对装备承修单位的管理和保障水平的要求。承修单位要按合同要求提供及时周到的维修保障服务,必须根据军方提出的要求,不断改进并逐步提高自身管理水平,提高装备维修保障能力。

(二) 军民一体化装备维修保障合同的特点

军民一体化装备维修保障合同是经济合同的一种特殊形式,是以法律形式规范调整军队和承修企业之间经济权益的一种经济调节形式和手段,其不同于一般的经济合同,具有自身的特点。

1. 合同甲方的特殊性

虽然西方的现代合同理论强调调整平等主体间的买卖关系,合同双方的地位完全平等,但是装备维修属国家行为,军队以保家卫国为主要任务,其行为更多地代表国家利益,在装备维修保障合同中军队占据主导地位,有一定优先权,包括装备维修合同的单方面变更和解除权、合同履行的监督、指挥权等,而从事装备维修的地方企业则不享有这些权利。装备承修单位有义务承担并按时完成装备修理任务,不得以垄断地位抬高价格或拒绝提供服务。

2. 合同具有严格保密性

武器装备水平是决定国家防卫力量的重要指标,装备维修项目涉及装备完好性和战备性。因此,装备维修合同具有严格的保密性,无论在装备维修数质量、维修技术方面,都有军事秘密和工业秘密问题,合同签定前后都有一系列保密规定和范围限制。

3. 严重的单向信息非对称性

信息不对称是指当事人一方知道而另一方不知道,甚至第三方也无法验证;即使能够验证,也需要花费很高的成本和代价,在经济上是不合算的。装备维修保障合同中的一大特点就是严重的单向信息非对称,一方面信息对长期从事装备维修的企业基本上是单向透明的,如五年计划中的拟交地方企业修理的装备具体项目预算,长期从事装备维修的企业能千方百计打听到,另一方面信息对军方和未从事维修的企业又是基本不透明的。企业为追求效益最大化,主观上不愿军队完全了解其维修、财务、管理等情况。另外,由于装备维修的复杂性,军队受人力和技术水平所限,难以深入掌握企业的有关情况。一些新兴的民营企业,想从事装备维修,却苦于不了解军队的需求、不了解军队的有关装备维修的规定,从而难以参与装备维修的竞争。

4. 合同签约双方合作的长期性和人情式

武器装备的特殊性决定了企业投资的专用性和规模性。一般从事武器装备维修的企业同军队有长期的合作关系,人际关系比较密切,这一点对装备承修方选择尤其是竞争机制和有关监督手段的落实有一定的负作用,但对于企业从长远发展考虑、维护良好信誉又有一定积极作用。

(三)合同管理存在的主要问题

现行的装备维修保障合同管理方式虽然在过去一定时间内满足了装备维修的发展需求,但是随着市场经济体制的不断完善,其状况已难以满足军民一体化装备维修保障发展需要,主要存在如下问题:

1. 合同管理机构不健全

目前,全军尚未建立统一的、与计划部门相对独立的专门合同管理机构对合同实施有效地管理,对合同执行的监督、检查以及审计能力较弱。合同管理由军兵种装备部门负责实施,总部只对大型装备合同进行宏观指导。实践证明,这种模式已经不适应军民一体化装备维修保障的发展要求。

2. 装备维修合同种类单一

由于我军装备维修实行指令性计划指导下的合同制,合同种类比较单一,大多装备维修合同基本采用成本型合同,而且多为装备的高等级修理合同,对于售后服务、技术支援、器材供应缺乏规范的合同约束。

3. 装备维修合同管理尚不规范

现行的装备维修合同管理制度程序,大部分是各军兵种根据自身装备特点和工作实践经验制定,所规范的工作内容、方法、程序各不相同,国防工业系统难以适从,甚至有时形成各军兵种相互矛盾的局面,已不适合军民一体化装备维修保障的要求。

4. 装备维修合同履行缺乏制约

虽然有的合同文本明确了违约、仲裁内容,但是现行处理方法主要采用行政协调,而未采取相应的法律措施。违约方不能受到真正的法律制裁,无法保证国家和军队的利益。

(四) 对策措施

1. 建立合同管理机构,完善装备维修合同管理体制

按照精简、统一、效能和有效监督的要求,建立装备维修计划制度、合同订立、合同履行职能相对分开,机构精干高效,关系协调顺畅,相互监督制衡的装备维修合同管理组织体系。一是科学组建型号管理组织机构。对于技术复杂、维修难度大的主战装备,建立重点装备型号办公室。型号办公室负责对装备项目的科研、订购、维修保障一体化管理,在维修保障方面接受军兵种级军民一体化装备维修保障主管机关的指导和监督。二是按照相互制衡的原则,健全"三权分立"的军民一体化装备维修保障合同的运行机制。军兵种级军民一体化装备维修保障机关是装备维修保障项目的决策部门,向型号办公室下达型号装备维修保障任务;型号办公室是军民一体化装备维修保障项目的执行机构,具体制订维修实施计划,并按照计划对维修项目实施质量、进度、费用等方面的管理,型号办公室依据相关要求与装备承修方拟定维修保障合同草案,报主管部门审批;驻承制单位军代表机构负责监督工作,不再承担审价和合同订立的工作职能,型号办公室向军代表局提供相应的合同副本。整个运行过程如图 6－3 所示。

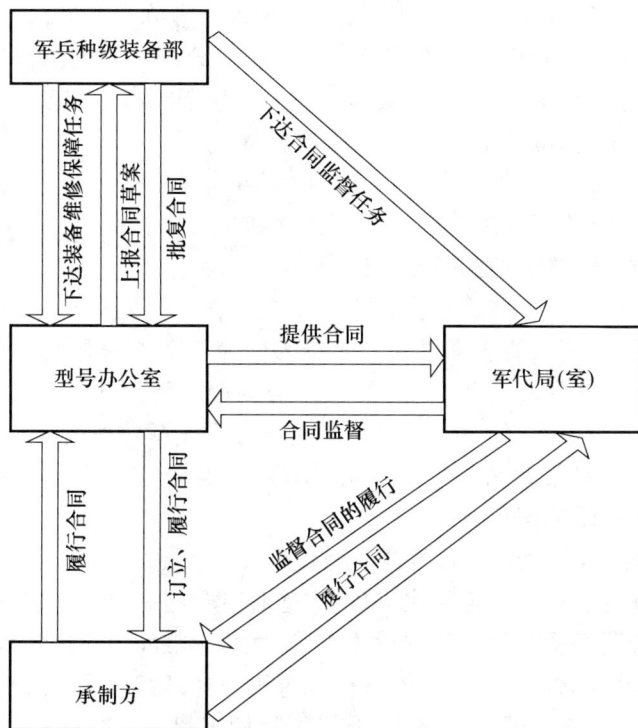

图 6 – 3 装备维修项目组织管理运行机制

2. 搞好合同评审,依法开展资格审查

合同评审是合同管理的一项重要内容,参与合同评审的人员应是总部机关授权人员。维修保障合同作为一项技术合同,签订前其合同评审内容为合同标的;合同履行技术、进度、期限、地点、地域或方式;质量保证要求;保密要求;风险责任的承担;验收标准和方法;合同价格;违约与争议办法。其中合同标的的维修保障服务,主要通过维修保障后装备指标性能水平和保障结果来体现。履行的计划、进度、期限、地点、地域和方式是履行合同义务时具体安排和规定。风险责任的承担、违约与争议办法、保密要求则是依据有关法律法规对合同当事人的约定。合同评审的重点应放在质量保证要求、合同价格、验收标准与方法上来。质量保证要求要符合装备维修保障实际,应是具体的质量保证活动,是明确、具体、可测或证实的,必要时可根据装备质量要求和承修单位质量体系状况在合同中提出补充要求。验收标准和方法是对合同完成情况的一种鉴定方式,可以通过检验、鉴定会或专家评估的方法进行,一般以装备的技术指标和军方的其他要求为评价标准。合同价格的审定应由军兵种级机关组织,授权或委托有关审价

111

部门进行审核。另外,在合同评审前,要重视对承修单位的资格审查工作,应依据《装备承修单位资格审查管理规定》的要求,对合同乙方的承修资质进行定期审查,建立合同承修单位名录,不具备资质的单位不能参与装备维修保障工作。

3. 加强合同过程监督,确保装备维修质量

合同过程的监督工作应由驻承修单位军事代表机构承担。在维修保障合同执行过程中,一是要把好维修器材与工具的质量关。按照有关标准参与维修器材生产过程质量监督和检验验收工作,参与维修保障工具的检定工作,确保维修器材与工具质量合格。二是监督服务质量是否符合合同要求,积极督促承修单位按照合同进度、期限要求提供并完成维修保障服务。三是监督承修单位的质量体系运行及承修资质变化情况,如果在合同期内发生重大质量问题、体系瘫痪、严重失泄密等损害军方利益的事件,应及时上报军兵种级机关终止合同。四是在装备完成维修保障后,依据有关技术规范参与装备的验收与检查,为合同完成情况的评价提供依据和意见。

4. 完善合同评价机制,履行合同经费的管理和支付

在合同履行过程中或合同完成后,应适时对合同完成情况进行评价,根据评价结果履行合同经费的管理和支付。应建立由列装部队、军事代表、专家等多方面构成的评价工作组,对装备维修保障过程、维修质量、服务态度、保障水平等方面进行评价,形成合同总结报告,上报军兵种级机关,建立合同档案。军兵种级机关根据合同总结报告中的评价结果履行合同经费的管理与支付工作。要建立企业合同履约情况的通报制度,对承修单位在装备维修保障合同履行过程中存在的不良行为和质量、进度等问题,要给予通报批评,并依照合同和法规给予相应的经济处罚;对于合同履约表现优异的单位和个人,应给予通报表彰,并依照合同和法规给予相应的物质奖励。严格合同验收管理。应采取阶段性验收和修竣验收相结合的方式,组织装备维修专家组进行技术鉴定,给出技术结论,综合评定维修质量和承修单位信誉等级。

5. 运用法律手段,合理解决合同纠纷

合同履行过程中,要适时运用《中华人民共和国合同法》对违约情况进行处置。承修单位出现违约情况时,应查明违约原因,根据违约具体原因来界定违约责任,使合同当事人依法承担民事法律后果,确保当事人利益受到保护。如果违约是承修单位主观上有过错,且其过错与造成损害事实的客观行为之间有必然因果关系时,承修单位要承担违约责任。如果违约是由于不可抗力的原因导致的,则应视情部分免除或免除违约责任。对违约责任的承担方式应有以下几种:一是要求违约方采取补救措施。对维修质量不过关的,可以要求承修单位进行重新修理、更换备件备品、减少合同价款或报酬等方式承担责任。二是继续履行

合同,指承修单位一方不履行合同义务时,由法律强制其按合同规定的标的继续履行义务。三是赔偿损失,指承修单位在维修保障过程中给部队利益造成损害时,应赔偿部队的损失。四是如果在合同签订时明确违约金的约定下,则由违约单位向部队直接支付违约金。特别要说明的是,如果战时进行维修保障出现了承修单位违约的情况,则应当根据《中华人民共和国国防法》《中华人民共和国刑事诉讼法》等法律对其采取刑事法律处置。

四、军民一体化装备维修保障的风险管理

凡事兴其利,必存其弊。构建军民一体化装备维修保障系统,使军工企业的人才和技术优势延伸到装备维修保障之中,对增强部队装备保障能力是有利的,但由于存在军地双方目标不一致、信息不对称、环境不确定等因素的影响,军民一体化必然具有潜在风险,迫切需要开展风险管理研究,采取措施,防患于未然。

(一) 军地保障力量的博弈分析

1. 博弈矩阵的构建

在专用装备军民一体化保障中,地方保障力量有两种策略:进入保障领域(简称"进入")和不进入保障领域(简称"不进入")。军方对地方保障力量也有两种策略:接受其进入(简称"接受")和抵制其进入(简称"抵制")。军方和地方保障力量的博弈支持函数矩阵,如图6-4所示。

		军方	
		接受	抵制
地方保障力量	进入	(V_e^1, V_m^1)	(V_e^2, V_m^2)
	不进入	(V_e^3, V_m^3)	(V_e^4, V_m^4)

图6-4 军地保障力量博弈模型

设某装备维修的总维修额度为 Q,地方保障力量的成本为 C_e,包括正常进入维修领域的成本 C_e^1,维修成本 C_e^2 和附加进入成本 C_e^0。若军方采取接受时 $C_e^0 = 0$,则 $C_e = C_e^1 + C_e^2$;军方的成本为 C_m,包括抵制成本(采用抵制策略时所需的额外成本)C_m^0、在位成本(保持垄断地位的成本)C_m^1 和维修成本 C_m^2,令采取接受策略时 $C_m^0 = 0$,则 C_m 可表示为

$$C_m = C_m^1 + C_m^2$$

式中 C_e^0——地方保障力量遭遇军方抵制时,为消除不利影响所消耗的经费、人力和时间的总和;

C_e^1——按装备维修领域准入制度要求,地方保障力量向有关部门申请和获得行政许可的过程中所耗费的经费、人力和时间的总和;

C_e^2——地方保障力量核算的总维修成本;

C_m^0——军方与地方保障力量进行竞争所耗费的经费、人力和时间的总和;

C_m^1——军方通过影响装备维修领域准入制度制订和实施,以保持垄断地位所耗费的经费、人力和时间的总和;

C_m^2——军方核算的总维修成本。

可以看出,C_e^0 与 C_m^0 正相关,而 C_e^1 与 C_m^1 也往往正相关。

假定当军方选择接受策略时,军方和地方保障力量通过竞争获得维修合同的概率分别为 P_m 和 P_e,且满足 $P_m + P_e = 1$,$P_m \geq 0$,$P_e \geq 0$;当军方选择抵制策略时,军方和地方保障力量通过竞争获得维修合同的概率分别为 P'_m 和 P'_e,且满足 $P'_m + P'_e = 1$,$P'_m \geq 0$,$P'_e \geq 0$;同时考虑到地方企业有一个参与约束条件,即企业在装备维修领域所得不能少于其在装备研制和生产领域以及在民品市场的机会所得 v,$v \geq 0$,则上图中期望收益的计算如下:

$$V_e^1 = P_e(Q - C_e) - (1 - P_e) \, C_e^1$$
$$= P_e(Q - C_e^2) - C_e^1 \tag{6-1}$$

$$V_m^1 = P_m(Q - C_m) - (1 - P_m) \, C_m^1$$
$$= P_m(Q - C_m^2) - C_m^1 \tag{6-2}$$

$$V_e^2 = P_e'(Q - C_e) - (1 - P_e')(C_e^0 + C_e^1)$$
$$= P_e'(Q - C_e^2) - (C_e^0 + C_e^1) \tag{6-3}$$

$$V_m^2 = P_m'(Q - C_m) - (1 - P_m')(C_m^0 + C_m^1)$$
$$= P_m'(Q - C_m^2) - (C_m^0 + C_m^1) \tag{6-4}$$

$$V_e^3 = v \tag{6-5}$$

$$V_m^3 = Q - C_m = Q - C_m^1 - C_m^2 \tag{6-6}$$

$$V_e^4 = v \tag{6-7}$$

$$V_m^4 = Q - C_m = Q - C_m^0 - C_m^1 - C_m^2 \tag{6-8}$$

2. 地方保障力量的策略分析

地方保障力量涉猎装备维修领域的基本动机是获取利润,可进一步细化为获得预期利润、优惠政策、信誉影响等。由于地方企业在军民一体化装备维修保障中并不处于主导地位,一般难以直接影响装备维修准入制度,影响地方企业进入装备维修领域的因素还包括审查手续完成时间、水平能力、寻租成本等,它决定了地方保障力量参与竞争的积极性。

当地方保障力量选择进入策略，军方选择接受策略时，地方保障力量的收益是 V_e^1；当地方保障力量选择进入策略、军方选择抵制策略时，地方保障力量的收益是 V_e^2。

若军方选择接受策略，则地方保障力量选择进入策略的条件是

$$V_e^1 \geqslant v$$

即

$$P_e(Q - C_e^2) - C_e^1 \geqslant v$$

得

$$P_e \geqslant v/(Q - C_e^2) + C_e^1/(Q - C_e^2)$$

设这时地方保障力量的竞争成功概率最低限值为

$$P_{e\min} = v/(Q - C_e^2) + C_e^1/(Q - C_e^2) \qquad (6-9)$$

若军方选择抵制策略，则地方保障力量选择进入策略的条件为

$$V_e^2 \geqslant v$$

即

$$P_e'(Q - C_e^2) - (C_e^0 + C_e^1) \geqslant v$$

得

$$P_e' \geqslant v/(Q - C_e^2) + (C_e^0 + C_e^1)/(Q - C_e^2)$$

设这时地方保障力量的竞争成功概率最低限值为

$$P_{e\min}' = v/(Q - C_e^2) + (C_e^0 + C_e^1)/(Q - C_e^2) \quad (6-10)$$

从地方保障力量的角度来看，其进入获利的竞争成功概率最低限值 $P_{e\min}$ 或 $P_{e\min}'$ 越小越好。由于地方保障力量并不清楚军方的"抵制"维修是否一定实施，因此对于风险喜好型的地方保障力量，会选择进入策略的条件是为

$$P_e \geqslant P_{e\min} \qquad (6-11)$$

对于风险厌恶型的地方保障力量，会选择进入策略的条件是为

$$P_e' \geqslant P_{e\min}' \qquad (6-12)$$

式（6-11）、式（6-12）表明，$P_{e\min}$、$P_{e\min}'$ 与 C_e^0、C_e^1、C_e^2 和 v 正相关，而与装备维修金额 Q 负相关。

由以上推演，可以得到地方保障力量选择进入策略的基本原则如下：

（1）装备保障金额 Q 较大，企业会选择进入保障领域。当保障金额较大时，其所带来的丰厚利润必然能够吸引地方保障力量，这一点符合规模经济效益要求。我们认为，对于"军队不具备高等级修理能力和基础条件，且列装数量少、技术含量高的装备，应主要依托装备承制单位，实施合同保障"，这一条意见在实施过程中，可能由于保障装备的数量、金额有限，难以调动地方保障力量的积极性。如果推行此条意见，应加大激励的力度或采取其他的激励措施。

（2）当军工企业在装备研制和生产领域的利润低时，会选择进入保障领域。相反，如果装备研制生产任务订单充足，企业可能无暇顾及装备保障，或没有更多的精力关注保障。这也是军方所担心的军民一体化装备维修保障存在的风险之一。

（3）军品产值占企业生产总值的比例。如果军品所占比例较大，当军品生产任务不足时，企业会积极寻求进入装备维修领域；如果军品生产所占比例较小，企业可能会把注意力放在获利更多的民品生产上，对涉猎装备维修领域表现一般。

（4）地方保障力量自身的保障成本低。地方保障力量的保障成本 C_e^2 越小、其竞争力就越强，获利空间越大。由于地方保障力量主要采用换件修理的修理方式，保障成本相对军队较高，其保障价格竞争力并不占优势。当然，保障成本不能仅从维修价格考虑，还要将维修线建设成本、维修资料、人力资源成本等进行综合考虑。

（5）地方保障力量的进入成本较小。这包括技术改造成本，以及准入制度和准入程序要求的审查成本是否可以接受，申请费用、审查收据的复杂程度、审查收据完成时间是否可以接受。军事装备维修所要求的技术、工艺和设备条件是否具备？如果相差较远，企业会选择放弃；否则，企业会进行适当投资或申请国家投资，以达到要求。由于国家往往对承担装备维修任务的企业提出税收、货款和能源使用等方面的优惠政策，因而地方保障力量会综合考虑如何获得这些优惠，是否有较好的利润。由此可见，地方保障力量的进入成本越大，地方保障力量获利空间就越小。但是，有些企业持有"承担装备保障任务是企业市场能力和良好信誉的重要证明，有助于企业开拓市场"的观点。并且，同军队保持良好的关系有许多好处，包括企业未来获得更多的装备生产订单。因而，即使最初进入装备保障领域时利润较低，从长远考虑也愿承担装备保障任务。

3. 军方保障力量的策略分析

由于新企业进入必然导致竞争程度的加剧，因而对军方而言，其在装备维修领域博弈中的动机或目标很明确:通过各种措施组织潜在地方保障力量以维持垄断利润，或者在新企业进入不可避免的情况下采取变通措施谋求自身利益的最大化。在装备保障领域竞争中，军方从自身利益出发，自然期望地方保障力量选择不进入的策略。但当地方保障力量选择进入策略时，军方主要考虑选择接受策略还是选择抵制策略。如果从获利的角度看，军方选择抵制策略的条件是 $V_m^2 \geq V_m^1$，即

$$P'_m(Q - C_m^2) - (C_m^0 + C_m^1) \geq P_m(Q - C_m^2) - C_m^1$$

化简得

$$P'_m - P_m \geqslant C_m^0/(Q - C_m^2) \qquad (6-13)$$

令 $P_{m\,min} = C_m^0/(Q - C_m^2)$，其表示军方采用抵制策略时，其竞争成功概率的最低提高量。

由以上推演，军方选择抵制策略的基本原则如下：

（1）装备维修金额 Q 足够大。装备维修利润越大，军方选择抵制策略的可能性越大。但是，如果 Q 值超过军方的最大维修能力，军方会考虑选择接受策略。另外，如果装备维修难度过大，超出了军方能力，军方也会选择接受策略。

（2）军方自身的维修成本低。当 C_m^2 越小时 $P_{m\,min}$ 越小，即军方通过抵制策略而获利的可能性就越大，此时军方倾向于采用抵制策略。

（3）军方抵制费用低。军方向军民一体化装备维修保障政策制定者施加政治影响，影响装备保障准入制度的制订，加大潜在竞争对手的进入难度。$P_{m\,min}$ 与 C_m^0 成正比的关系，因此军方用于采用抵制策略的费用越小，其采用抵制策略而获利的可能性就越大。压低保障服务报价，与地方保障力量打价格战，使其利润很低、无利可图，甚至亏本，从而使地方保障力量不敢贸然进入装备保障领域或进入后主动退出。但也有可能为避免两败俱伤，军队保障力量与地方保障力量形成价格同盟，共同谋取垄断利润。

（4）军方通过进一步提高技术能力、水平，积极争取技术改造、基础建设等专用投资，加强内部管理，降低保障成本，保持和加大对地方保障力量的竞争优势。实际上，军民一体化不是"民进军退"的单向行为，而是相互延伸、共同促进的双向过程。对军队来讲，不仅要做好"引进来"的工作，积极引入军工企业和其他社会力量实施保障；也要做好"活起来"的工作，从军队自身装备保障体制机制上，解决深层次矛盾和问题，避免条块分割，逐步实现三军一体、联合保障；还要做好"强起来"的工作，加强部队装备保障力量建设，锻造高新技术装备保障的"拳头"力量，建立现代军事装备保障力量体系。

（二）主要风险

由于军方和合同商在战略目标、管理理念、文化建设等方面的不同，当双方之间存在信息沟通不经常，信息传递单一，对信息管理总结与评价滞后等问题时，易在合同订立、合同履行等活动中造成沟通协调障碍，导致风险产生。军民一体化装备维修保障的风险主要表现为削弱军方核心保障能力、维修经费大幅上升、地方保障力量"保障不上"、装备质量连锁下降、失泄密等方面。

1. 削弱军队核心维修保障能力

核心维修保障能力是为保证军队独立完成核心军事任务，军队建制维修保障机构必须具备的最低限度的维修保障能力。从维修等级角度看，核心维修保障能力包括基层级维修和中继级维修的全部，以及基地级维修的一部分。换句话说，所有的基层级和中继级维修保障都要由军队建制保障力量独立承担，而不能交由地方保障。但是，现在个别部队对地方参与装备维修保障产生依赖心理，甚至产生放弃部队对新装备进行维修保障的念头。个别新装备部队有一种倾向，由于原因不清楚、方法不掌握，装备有了故障或问题，不敢动装备、不愿动装备，无论事大事小，都去找生产厂家。有时，生产厂家派人千里迢迢赶过去，发现故障实际很简单，可能只是更换一根保险丝。这种情况可能是极个别的，但这种现象必须引起我们的高度重视。如果军队过分依赖地方保障，特别是基层级和中继级保障任务都要靠地方保障力量才能完成，队属保障力量不能有效履行自身应尽的职责，长此以往，军队核心维修保障能力将会削弱甚至丧失。

2. 维修费用大幅上升

由于军队和地方承修单位各自的装备修理价格标准不同，同样的装备地方修理价格要远高于军队。加之受体制限制和信息不对称，地方装备承研承制单位基本处于维修价格的垄断地位，军方尚缺乏严格规范的维修成本审核依据。以舰船修理为例，若地方舰船制造厂进行修理，由于船坞使用费非常昂贵，为缩短坞期、节约工时，地方修理厂家主要采用换件修理方式，与军队主要以原件修复方式相比，维修价格自然要高许多。例如，某型飞机发动机地方修理价格要比军队修理价格高出近一半。应该讲，单从修理价格考虑，交给地方修理，修理价格通常会上升。但综合考虑维修线建设、维修能力生成与维持等因素，适当交给地方修理一定种类和数量的装备，对军队是有利的，但要合理控制地方参与保障装备的数量和种类，否则，很可能造成维修费用大幅上升，从而背离军民一体化的初衷。

3. 平时存在"保障不上"的风险

由于合同商自身也面临行业竞争、经营压力，以及与零备件供应厂商协调等问题，易导致合同商不能按照合同条款承担相应职责，甚至会提出变更、解除合同。有些装备，特别是技术复杂装备的制造厂其配套厂家较多，若让其参与装备维修，需要协调的事项繁杂，本身就存在风险。例如，某型飞机的主制造商实际上只是总装厂，其所需器材设备都由配套厂提供，它的一级配套厂就达×××多家。若该飞机制造商参与装备维修，需要协调数百家配套厂家参与，难度可想而知。同时，地方企业还可能存在着违约、经营破产、产权变更、企业转产、行业垄断等风险，当军方需要地方企业保障时，存在"保障不上"的风险。

4. 战时存在"无人去保"的风险

一是战时装备维修与装备研制生产可能会发生冲突，地方企业存在"无人去保"的风险。由于地方保障企业以经济效益为中心,平时不可能维持庞大的专业维修力量,一般是利用装备研制生产力量来参与维修。如果战时装备的研制生产任务也很重,不可避免地出现维修保障与装备研制生产的冲突,存在装备维修"无人去保"的风险。二是地方技术人员分工过细,难以适应战时装备故障种类多的要求。地方军工企业技术人员主要从事装备研制生产,从专业性上来讲,一般只具备单一系统,甚至某一器件的专业知识,而维修保障中首先需要"复合型"人才判别故障类型和损伤定位。在现实中,有时会出现这样的情形:地方技术人员到场检修时发现不是本专业范围,还需要等待单位派遣相应专业人员到场,甚至出现几批人员到场仍需要增派其他专业人员的状况,直接影响了保障任务的完成,这将难以适应战时高时效性的保障要求。三是战时地方人员可能会出现不守时、不到位、令不行、禁不止、临阵脱逃等问题,影响军队装备维修保障任务完成。针对地方保障力量的指挥控制、安全保障、伤亡处理,以及地方保障企业战时加价或毁约等问题,目前还没有相应的法规制度加以规范和约束,容易导致战时"无法可依",更不能做到"违法必究"。

5. 装备质量可能连锁下滑

合同签订前,合同商为追求个人利益最大化,投机取巧,利用信息不对称优势,刻意向军方提供虚假、歪曲信息,使得军方在合同订立时易发生逆向选择行为,选择服务质量较差的合同商。合同签订时,军方难以预测各种可能发生的情况汇报和遇到的困难,加之合同谈判准备不充分,对合同商隐藏成本、信息缺乏了解,在合同中未对合同商职责与任务、保障目标进行明晰界定,使得合同商在服务质量、维修效率、对军事需求的灵活性掌握、费用控制等方面都可能存在风险。合同订立后,对于军方投入大量专用性资产,除非愿意支付高额的转移成本,否则无法摆脱与合同商交易关系。合同商可能会利用"锁定"效应在合同履行和续约谈判中相要挟,将军方处于要么接受不利要求,要么支付昂贵的转移成本的两难境地。合同履行过程中,由合同双方对某些不完善条款进行修补而带来的交易费用增加,产生修补合同成本;为了准确评估合同商绩效,军方还需对合同商进行监督,增加监督成本;合同双方可能就某些合同条款产生解释上的不同,引起双方争执,讨价还价谈判,产生争端诉讼成本。军方没有建立完善的合同商竞争、激励、监督和评价机制,涉及合同商保障的法规制度不健全,使得对合同商的一些违规行为无法处罚,增加了合同商侥幸心理,在实践中可能会出现鼓励"后进"的悖论。即越是装备质量差的企业,因其装备故障率高,军队极有可能只能请该企业来保障,该企业得到的维修定单就多;而提供高可靠性装备的企业却得不到维修订单。于是,为了多拿到维修订单,企业在生产时可能会放松对装备质量的要求,从而导致装备质量的下滑。

6. 失泄密风险

实行军民一体化保障，大量地方人员出入营区，接触装备及资料，与现行的营区管理、装备管理、生活管理、安全保密等规章制度存在诸多矛盾之处。军民一体化装备维修保障需要建立军地间互联互通的信息平台和远程支援系统，这也给安全保密带来了新的隐患。

7. 寻租风险

为了获得装备维修许可证或者装备维修合同，进而谋取自身利益最大化，无论军队维修保障主体还是地方维修保障主体都可能向装备维修保障主管官员施行寻租。而维修主管官员也是经济人，其并不总是以军队利益最大化为目标，他们也有追求个人效用最大化的动机，存在被动寻租和主动寻租的可能。寻租产生的风险是不容忽视的。它使得维修资源配置扭曲，造成本来就稀缺的维修资源的严重浪费，加大了装备维修市场中公共权力的运行成本，导致了腐败的滋生和加剧。

（三）原因分析

产生军民一体化装备维修保障风险的根本原因是由于地方企业所追求经济利益最大化的企业目的，与装备维修保障所追求军事利益最大化的军事目的之间存在差异造成的。军方和合同商之间存在着委托代理关系。军方是委托人，属于信息占用少的一方；合同商是代理人，属于信息占用多的一方。军方在军民一体化装备维修保障各个阶段的主要活动均是以满足军事需求为根本点，对合同商技术水平、资源条件、经营状况，以及合同履行情况等信息了解有限；而合同商本身比较注重经济效益，在合同订立前后常发生隐藏信息和行动的行为，进而导致风险事件发生。另外，一些风险是由于政策制度缺失造成的，个别风险是由于建制维修保障力量缺乏实践锻炼造成的。

1. 经济利益原因

经济利益影响企业行为，进而产生军民一体化装备维修保障的风险，主要表现为：一是地方企业进入或退出装备维修领域受利益影响。当企业认为装备维修领域有利可图时，其会积极涉猎维修市场，反之可能会退出维修市场。当然，地方企业特别是军工企业参与装备维修积极性还受装备研制生产和民品利润与装备维修利润相对值的影响。当企业的军品产值较大，且装备研制生产订单较少时，企业会积极寻求进入装备维修领域；如果军品产值占企业总产值比例较小，企业可能会把注意力放在获利更多的民品生产上，对涉猎装备维修领域表现一般。这在军民一体化实践中得到了证实。二是地方企业维修保障行为受利益影响。由于企业是趋利的市场主体，其行为必然受利益的左右。当认为有些维修行为利润较大时,地方企业会积极行动;反之积极性会下降,甚至个别企业会唯利是图,以次充好,影响装备维修质量。

2. 制度缺失

由于立法的相对滞后性,军民一体化装备维修保障中战时地方人员违约、装备质量连锁下滑、安全保密和寻租等风险都是由于相关法律法规政策缺失造成的。需要健全政策法规,强化制度防范。

3. 维修实践机会缺乏

随着地方维修保障力量进入装备维修领域,部队建制内保障力量的维修实践机会将越来越少。一方面,在大量引入地方维修力量后,由于建制维修力量的竞争力不强,将有较多的维修费和项目费被地方维修力量获得,军队建制内保障力量维修实践机会就会不断减少,致使部队建制内人才成长困难;另一方面,从部队自身来看,出于消极保护安全的考虑,会更加依赖地方力量,这就限制了建制内力量的维修实践,使本来就少的维修实践越发减少。

（四）防控措施

军民一体化装备维修保障存在的风险,在一定程度上是可以通过其他手段和措施来弥补。也就是说,军民一体化装备维修保障的风险是可防可控的。

1. 着眼提升军队核心维修能力,稳步推进改革

军民一体化不是"民进军退"的单向行为,而是"军民融合、相互促进"的双向过程。军队除了引入军工企业和其他社会力量实施保障外,要积极利用地方先进的人才、技术、资料,加强自身建设,尽快形成和不断提高部队核心保障能力。军民一体化装备维修保障改革要按照"保留存量、改革增量"的思路,着眼提升军队核心维修能力,稳步推进。具体地说,对军队已形成维修保障能力的装备保障体系不做调整,从军队尚不具备保障能力的新型在役在研装备入手,规划设计军民一体化装备维修保障方案、区分军地任务界面、合理配置军地维修保障力量。对于具体型号装备而言,可以按照先在器材供应、人才培训等配套建设方面引入地方保障力量,再扩大到装备高等级修理的顺序,逐步探索建立军民一体的联合保障模式方法;对于地方保障力量的选择可从国有军工企业开始,逐步向民营企业拓展;对于每一项改革都要按照先试点探索,再推广应用的实施步骤,渐进式分步推进,确保军队核心维修保障能力不断增长。

2. 强化计划统筹,合理控制地方保障份额

一是要强化维修计划统筹机制。注重发挥计划在军民一体化装备维修保障中的主导作用。在现行维修计划管理体制下,将全军装备维修计划按照装备承修单位类别分类检索,生成拟交地方修理的装备维修子计划,由专门机构负责汇

总、审核,从总的维修经费比例方面控制地方保障份额。二是要合理控制地方保障的装备种类和数量。一般来讲,军队不具备高等级修理能力和基础条件,且列装数量少、技术含量高的装备,可以依托装备承制单位,实施合同保障。军地均具备高等级修理能力的军选民用装备,应建立市场化的竞争机制,引导地方力量参与保障。军队暂不完全具备高等级修理能力和基础条件,但列装数量较大,服役时间较长的装备,应积极依托装备承制单位,尽快形成军队自主保障能力,不宜交予地方保障。

3. 采用先进技术手段,实施技术防范

平时地方企业"保障不上"的风险,主要由于器材备件缺失造成的。可采用装备柔性化设计、再制造技术等技术防范措施,来规避此类风险。积极开发装备柔性化设计、计算机辅助设计和制造等技术,建立装备器材数据库,将常用器材特别是停产装备器材的相关数据安全长期地保存起来,当需要某种已不再生产的装备的某个部件时,只要将其数据从数据库中调出,运用计算机辅助设计和制造技术,在较短的时间内就能生产出所需的零部件,以应对装备器材生产线不复存在的风险。为此,要鼓励装备承研承制单位采用柔性化设计、数字制图等技术,提高装备研制、生产设备设施的柔性化设计水平,增强装备器材生产的可选择性。要加大系列化、通用化设计以及对下兼容设计,以实现装备零部件功能的相互替代。同时,要积极发展器材零部件的再制造技术,通过表面工程技术、激光修复技术等一系列再制造技术,修复受损零部件,减少对新品的依赖。

4. 健全政策法规,强化制度防范

政策法规是组织实施军民一体化装备维修保障的基本依据,是维护军地双方利益,监督各方履行职责的根本保证,也是防范风险的制度基础。为此,要促进相关军民一体化装备维修保障的国家立法,修改完善军队的相关政策,制定颁发配套制度,统一规范军地责任主体的职责分工、工作程序和奖惩办法。例如,通过建立军地维修资产登记注册制度,实现军地维修资产的有序流转,防止地方保障企业破产所带来的风险;通过完善动员机制,强化军工企业军品生产与民品生产的关联性,增强军工企业维修动员的潜力,来规避生产与维修矛盾的风险;通过完善激励和约束机制来规避装备质量连锁下滑的风险;通过严格地方企业保密资质审查,加强地方维修人员政审来防止失泄密风险;完善竞争机制,逐步减少和消散维修市场的租金;建立严格的事前监督和事后惩罚机制来防范寻租风险;通过国家对承担装备维修任务的企业实施税收、货款和能源使用等方面的优惠政策,调动企业参与装备维修的积极性等。

5. 加强思想道德教育,提升装备维修主管官员的职业道德和情操

思想道德教育作为一种从装备维修官员内心来调节、制约其行为的事前预

防机制,对治理装备维修寻租是必不可少的。一方面,装备维修主管官员执行公共权力的非透明性使得对其监督非常困难,必须使其建立相应的内在约束;另一方面,通过对装备维修主管官员进行人生观、价值观、思想道德教育,营造和提升装备维修官员的荣誉感和职业情操,提高他们的需要层次,增强其社会责任感、事业心和敬业精神,使他们增强明辨是非的能力,从而主动放弃寻租活动。

第七章 军民一体化装备维修保障系统建设的思路与对策

根据中央军委决策部署,推进构建军民一体化装备维修保障体系已列入全军 14 项改革任务之一。在军地双方的共同努力下,军民一体化装备维修保障系统建设取得了明显成效,先后开展了试点工作和重难点问题研究,为深化改革探索了路子,积累了经验,有力保障了部队战备训练、国庆首都阅兵、亚丁湾护航行动等重大任务的完成。同时,随着改革的深入推进,一些深层次矛盾和问题凸现,改革的艰巨性、复杂性大大增加。基于专著研究结论,围绕推进我国军民一体化装备维修保障改革,明确科学合理的建设思路,并寻求切实可行的建设对策。

一、军民一体化装备维修保障的建设思路

推进构建军民一体化装备维修保障系统的建设思路包括指导思想、基本原则、建设目标、建设步骤和建设方法等。

(一)指导思想

推进军民一体化装备维修保障系统建设,以科学发展观为指导,以提高军队装备维修保障能力和保障效益为目的,以完善管理体制、建立长效机制和健全法规制度为重点,调整任务职能、优化力量结构、统筹军地资源、创新保障模式。

(二)基本原则

要顺利开展军民一体化装备维修保障体系建设,实现预期目标,就必须坚持以下原则:

1. 坚持战斗力标准

军民一体化装备维修保障体系建设的根本目的是提高部队的战斗力。装备保障能力是战斗力的重要组成部分,影响、制约着战斗力的生成和发挥。军民一

体化装备维修保障是适应我军武器装备更新换代速度加快、技术复杂性日益突出、保证军兵种生成和保持战斗力的有效途径。但进行军民一体化装备维修保障体系建设,涉及军方利益、地方利益,过分强调军方利益,战斗力生成周期长;过度依赖地方力量实施装备保障,存在着保障稳定性低、风险大、制约因素多等问题,影响保障任务完成。

坚持战斗力标准原则,就是要在筹划与实施军民一体化装备维修保障体系建设中,综合考虑军方与地方利益,始终以是否保持和提高战斗力为标准,用战斗力标准统一建设思想、衡量建设措施、检验建设成效。为此,总装机关在指导军民一体化装备维修保障体系建设中,要了解部队战斗力生成和保持机制,准确掌握装备保障重难点问题及制约因素,主动作为,切实为军民一体化装备维修保障建设把好关,协调解决瓶颈问题。

2. 坚持军方主导

始终坚持军方在军民一体化装备维修保障体系建设中的主导地位,是由军队履行装备保障决策计划、协调指导、组织实施、检查评估等军事职能的特性决定的。军方是装备保障的需求方和用户,对于打什么样的仗、需要什么样的装备保障、怎样组织装备保障具有决定作用。地方则是配合军方完成保障任务,在平时和战时装备保障过程中具有从属性。

坚持军方主导原则,就是要突出军方在谋划、决策、协调、指导军民一体化装备维修保障中的主导作用,始终掌握军民一体化装备维修保障的主动权。为此,总部机关必须发挥在国家、军队和军兵种之间的桥梁纽带作用,搞清军兵种的装备保障需求及现有能力,分析存在的差距;要清晰掌握军工企业、地方企业拥有的保障资源、保障力量及相互关系,有序地将地方技术人员、保障物资、设备等保障资源纳入一体化保障体系。总装机关要加强对各军兵种的指导,强化军兵种装备保障基础平台建设,为地方保障力量参与军兵种装备保障创造条件。

3. 坚持平战结合

坚持平战结合原则是由装备保障工作的连续性所决定的。装备维修保障平时为保障部队战备和训练任务的完成,战时则保障部队具有持续的战斗力。军民一体化装备维修保障体系建设的基本目的就是既能在平时有利于装备保障效益的提高,又能够在战时满足装备保障需求。平时建设是战时应用的基础,战时应用是平时建设的目的,二者只有有机地结合到一起,才能发挥出更好的效益。

坚持平战结合原则,就是要以作战需求为牵引,提高装备保障能力为核心,在做好平时装备保障工作的基础上,统筹考虑平时和战时装备保障需求,优化配置军地保障资源,形成平战一体、军地保障力量有机衔接的军民一体化装备维修保障体系。军队各级装备部门应指导各军兵种做好现有装备特别是高新技术装备形成作战保障能力,配合国家和军队有关部门进一步规范军队与地方、平时与战时的装备保障任务分工、力量编成运用、方式方法选择、手段条件配套等,确保最大限度地发挥军地双方装备保障整体优势。

4. 坚持效益最佳

装备保障的军事性、社会性与经济性要求军民一体化装备维修保障体系建设必须坚持效益最佳原则。军民一体化装备维修保障体系建设,归根结底,就是使军事效益、经济效益、社会效益之和最大化。

坚持效益最佳原则,就是要采取综合集成的方法,对军地双方装备保障功能相同或相近的资源进行优化整合、集成配套和综合利用,实行统建、统管、统用,最大限度地利用保障资源,提高装备维修的整体保障效益。军队装备部门要指导所属单位充分运用市场规律,科学有效地使用地方人力、物力、财力等保障资源,优化装备保障资源配置,提高装备保障资源的利用率,以最少的装备保障资源消耗获得最大的装备保障效益。在注重军事和经济效益的同时,要实现军民双赢,军方要切实为民用力量拓展市场,创造新的经济增长点提供条件。

5. 坚持科学统筹

坚持科学统筹原则是由军民一体化装备维修保障体系建设的长期性、复杂性、系统性所决定的。军民一体化装备维修保障体系建设,涉及军队与地方、平时与战时、近期与长远、军事效益与经济效益、法律与文化等多个方面多个领域,这些方面与领域相互作用、相互影响,对军民一体化装备维修保障体系建设发挥着不同作用。

坚持科学统筹原则,就是要处理好需要与可能、当前与长远、深化改革与做好军事斗争准备的关系;要加强理论研究,深入探索武器装备特别是高新技术装备保障的特点规律,使构建军民一体化装备维修保障体系工作协调有序地开展。要加强顶层设计,搞好充分论证,在全面摸清部队和地方工业部门的保障资源的基础上,根据部队保障的实际需求,统筹体系结构布局,统一制定军民一体化装备维修保障体系建设标准、进程,对军地保障力量和资源实行统一分配,确保地方保障力量和资源得到科学合理地运用。

6. 坚持稳步推进

坚持稳步推进原则是确保军民一体化装备维修保障体系建设顺利实施、取得成效的重要方法。由于军民一体化装备维修保障体系建设,处于我国社会主义市场经济体制改革的大背景和环境之下,涉及利益关系的调整、职能作用的变化,法律与法规尚不健全,军地双方没有共同的装备文化,因此进行军民一体化装备维修保障体系建设,必须积极稳妥,避免发生大的波折。

坚持稳步推进原则,就是要循序渐进,把握好改革时机和力度,充分考虑国家、军队的承受能力,尽可能降低改革的风险和代价。要有计划有步骤地向前推进,先充分论证后制定实施方案,先理论研究后实践探索,先试点后推广,看准一项改革一项,成熟一项推广一项,通过以点带面促进全面发展,通过重点突破带动整体推进。作为总部机关要积极作为,从战略全局的高度,指导各军兵种、军区找准改革的突破口,协调国家有关部门和军工企业,搞好军地双方任务分工,优化体系结构,积极稳妥地推进职能调整和配套建设,确保军地双方装备保障的衔接配套。

(三)建设目标

军民一体化装备维修保障系统建成后,全军装备基本形成自主核心保障能力,地方维修能力和保障资源得到优化配置与合理利用,整体效益显著提高。

1. 在装备维修保障能力方面

高新技术装备维修保障能力形成速度明显加快,军队自主维修保障能力明显增强。

2. 在装备维修保障效益方面

高新技术装备维修保障经济效益和维修质量明显提高。军地保障实现资源共享、力量统筹,重复建设减少,维修成本降低。

3. 在装备维修保障组织管理方面

军民一体化装备维修保障组织管理体系健全合理,实现统一领导和归口管理;保障模式灵活多样,装备维修保障能力增长方式实现根本性转变;军地间装备维修保障规划计划衔接统一,运行机制高效顺畅,配套建设齐全完备,军民一体化装备维修保障实现协调发展、整体高效。

(四)建设步骤

根据我军现有体制建设情况,着眼建设目标,结合我国社会主义市场经济建设发展,以及我军军兵种武器装备建设实际,军民一体化装备维修保障体系建设可以分"四步走"的战略步骤建设。

第一步,梳理问题与理论探索阶段。重点从体制编制、法律规章、装备文化等角度梳理当前进行军民一体化装备维修保障体系建设中的各种障碍,分析存在这些问题深层次的原因及解决途径;研究外军尤其是美军开展军民一体化保障的特点,以及可供我借鉴的做法。这一步应优先开展,并贯穿于整个建设过程。

第二步,先期试点阶段。重点围绕新型装备开展军民一体化保障试验,摸索开展军民一体化保障的基本做法,建立军民一体化装备维修保障的基本法律规章,营造军民一体化装备维修保障的文化氛围,为军民一体化保障全面铺开总结经验教训。

第三步,扩大试点阶段。在先期试点的基础上,围绕各军兵种骨干装备开展军民一体化保障试点,进一步完善配套法律法规,营造良好氛围,总结特点和规律。

第四步,全面展开阶段。从骨干装备向一般装备推广,进一步完善法律法规,基本形成与国家体制相一致,与社会主义市场经济相协调,军兵种协作密切的军民一体化装备维修保障体系。

（五）建设方法

体系建设的方法是体系建设规律的外在体现,一般方法主要包括以下五项。

1. 典型示范法

典型示范法就是选取有代表性的单位、典型装备进行试点,统一组织程序,统一工作流程,统一质量标准,统一规章制度,进而形成军民一体化保障体系建设的基本经验,总结出一体化体系建设的一般规律,以点带面,推动全局。典型示范法,选取的装备或行业必须具备良好的基础条件,在整个装备保障体系中处于关键地位,并且能够在短时间内形成经验成果,通过典型示范,能够迅速带动整个行业或体系的融合发展。

2. 政策引导法

就是由国家制定出相关优惠政策,引导军工集团和企业以及有资质的民营或私营企业积极参与一体化保障体系建设,形成良好的氛围,从而促进军民一体化装备维修保障体系建设步伐的一种方法。军方应主动向国家提出"一揽子"有关政策需求,为国家制定政策提供依据,国家有关部门应根据军方需求申请,合理确定政策范围及应用可能,积极创造条件。政策引导法是一种主动作为的方法,是引导有资质的行为主体积极参与体系建设的重要方法。军方和国家有关部门应积极调研,找准政策引导的突破口,同时要注意防止政策失误,造成失控或无效现象的发生。

3. 法律强制法

就是以国家的意志,对纳入到军民一体化体系建设的有关单位,通过法律法规的途径加以规范,从而确保体系建设沿着正确的轨道前进。加强法制建设,实行依法管建,是军民一体化建设必要手段。采取法律强制法,首先,必须做到有法可依,应根据一体化体系建设的要求,制定覆盖军队与地方、上至国家与总部、下至各企业及个人、上位法律与下位法律相衔接的全方位的法律体系。其次,要强调从严执法,对任何单位和个人都要以法规作为统一的尺度,严格按照法律和制度办事,杜绝以本单位、本部门情况特殊为借口,另立违背法律的规定。

4. 信息引导法

就是在军民一体化体系建设中,充分运用信息技术手段,全面掌握体系建设状况,及时掌握动态信息,适时发布政策要求,引导军方与地方企业按照正确的轨道开展工作。由于军民装备保障一体化体系建设涉及范围广、内容繁杂,因此必须要把信息技术引入到体系建设之中,为及时掌握,发布信息,搞好调节奠定基础。

5. 统分结合法

就是要根据武器装备的特点,统筹好一般装备和重点装备、大批量装备与小批量或试验试用装备的关系,加强对重点装备、大批量装备军民一体化保障的统筹,在体系建设中,应重点在统的方面下功夫。对于一般装备、小批量或试验试用装备,由相关军兵种开展保障体系建设,总部机关应及时掌握有关情况,及时协调各种矛盾和问题,加强对各军兵种的指导,确保各军兵种装备保障体系建设协调发展。同时,要发挥各军兵种的主动性,发挥各自独特优势,创新体系建设的新途径,为进一步完善体系奠定基础。

二、军民一体化装备维修保障系统建设对策

军民一体化装备维修保障系统建设是一项庞大的系统工程,在不断完善军民一体化装备维修保障体制基础上,还要循序渐进地做好以下重点工作。

(一) 转变思想观念

转变思想观念是推进军民一体化装备维修保障改革的前提。作为新时期我军装备保障的一项重大变革,军民一体化装备维修保障的实施必将存在一场新旧思想的激烈交锋。在这一过程中,许多旧的思想、观念、惯例,都将激流荡涤,各种先进的理念、方法和方式,都将在新军事变革浪潮的推动下不断发展完善。在装备维修保障的观念上,重点要坚持"四破除,四树立"。

1. 破除"自给自足"的思想,树立"大保障"的观念

我军特殊的发展历程,形成了自己动手、自我保障、独立发展等观念,这种传统观念与市场经济所固有的利益机制相结合,又形成了基于经济利益的"本位主义"观念。构建军民一体化维修保障体系,首先要破除片面强调军队特殊性而排斥市场规律的传统思维定式,深入研究新形势下国防和军队建设协调发展的规律,深刻认识军民一体化装备维修保障的大趋势,使"大国防"和"大保障"的思想观念深入人心,并转变为具体的行动指导。

2. 破除"完全依赖"的思想,树立"保持核心维修能力"的观念

当前,在军队和地方个别保障人员存在将装备维修保障全部交由地方保障的思想。个别部队特别是个别新装备部队有一种倾向,由于原因不清楚、方法不掌握,装备有了故障问题,不敢动、不愿动装备,只要装备出现故障就找生产厂家。军民一体化装备维修保障不是把所有保障任务都交给地方,中继级以下部队级维修保障任务,都要由军方独立承担。即便是基地级修理,要依靠地方保障力量,但也不能完全依赖,始终要加强和保持军队核心维修保障能力,这也是规避风险的必然要求。对军队来讲,军民一体化装备维修保障不仅要做好"引进来"的工作,积极引入军工企业和其他社会力量实施保障;也要做好"活起来"的工作,从军队自身装备保障体制机制上,解决深层次矛盾和问题,避免条块分割,逐步实现三军一体、联合保障;还要做好"强起来"的工作,加强部队装备保障力量建设,锻造高新技术装备维修保障的"拳头"力量,建立现代军事装备维修保障力量体系。

3. 破除"唯利是图"的思想,树立"互利共赢"的观念

当前,个别军工集团、研制生产单位对军民一体化可能带来的经济效益期望值很高,以为推行军民一体化有很高的利益可图。实际上,目前在役装备的大修,有相当一部分由原生产厂家承担。即便是军队自主承担的装备大修任务,其器材设备主要还是要从生产厂家订购。同时,装备维修和装备生产存在诸多区别,具备了研制生产能力,不等于具有了维修保障能力。因此,对地方工业部门来讲,一方面要努力为部队形成装备维修保障能力创造条件,特别在提供技术资料和维修设备研发上下功夫。工业部门如果能够提供准确、系统、完整、适用的技术资料,部队依据技术资料具备了日常维护保养、检测修理能力,寻求生产厂家提供售后服务和技术支援的次数就少了,厂家的花费和消耗就降下来了,就可以腾出更多的时间、更多的精力搞新装备的研发生产,经济效益自然能够提高。工业部门如果能开发出好用耐用的维修检测设备,部队的订单就多,企业的军事效益和经济效益就好。另一方面工业部门要统筹武器装备科研生产与保障的关系,站在全系统全寿命保障的高度,从装备设计源头抓起,在武器装备科研生产中充分考虑装备的维修问题,积极开展装备综合保障工程,努力实现装备"好保障"和"保障好"的要求,同样能够实现互利双赢。

4. 破除"民进军退"单向融合的思想,树立双向延伸的观念

推进构建军民一体化装备维修保障系统,不是"民进军退"的单向行为,而是相互延伸、共同促进的双向过程。从地方单位特别是军工集团公司来讲,不能只是向军队装备保障领域延伸,还要将军队的企业化工厂吸纳到装备生产制造领域中去,充分利用军队工厂的设施设备资源,承担部分装备零部件、总成、分系

统的生产制造任务。经过多年建设特别是"十五"以来的重点投入,军队工厂设施设备焕然一新,装备修理和零部件生产加工能力大幅提升,具有相当规模和实力。如承制单位完成装备生产任务需要另外投资新建或改扩建零部件生产线,站在国家利益全局的高度,建议优先考虑利用军队工厂现有设施设备资源,承担部分装备零部件、总成、分系统的生产制造任务。这样做的好处:一是使包括军队资源在内的国家资源得到充分利用,避免重复建设,真正体现军地双向融合;二是有利于军队工厂熟悉新装备,更好地承担维修任务,特别是为军队今后独立承担停产装备的维修保障创造条件。

(二) 加强力量建设

专用装备由于其技术复杂性和保障机理的多样性,对保障人员的依赖已经达到空前的程度。推进军民一体化装备维修保障体系建设,必须打牢人才队伍基础。要建精军内装备保障力量、建强预备役装备保障力量、建立合同商保障力量、开展军地互动训练,使军内保障力量、预备役保障力量、合同商保障力量和地方保障力量整体融合、有效配合、发挥合力,更好的满足专用装备军民一体化保障需求。

1. 建精军内装备保障力量

军内装备保障力量是遂行平战时装备保障任务的核心力量。当前,我军军内装备保障力量存在的主要问题是"散、小、弱"。"散"就是指装备保障力量分散于各级装备保障机构之中,存在于战役、战术各层面;"小"就是指由于受编制的限制,各级规模都十分有限;"弱"就是指装备保障能力弱。军民一体化装备维修保障体系建设,就是要把当前军内装备保障力量进行有机地整合,保持适度合理的专装保障力量建设规模,提高建设质量。一是要强化战术级装备保障力量的建设,着眼提高装备体系保障能力,统筹编配和使用装备保障力量,使其满足部队平时装备保障任务的需要;二是要加强战役级装备保障力量的建设,把功能单一、分散的装备保障力量整合成功能合成、比例合理,具有较强机动保障能力的实体。三是要加强战略装备保障力量,通过优势扶持、落后淘汰、同型整合等手段,将现有的事业化、企业化的维修工厂、仓库进行重组与整合,优化专用装备保障机构布局,形成保障实力雄厚的实体。四是要成立装备技术专家组,由装备科研、生产单位和院校专家教授和技术骨干组成,对部队实施技术咨询和技术指导。

2. 建强预备役装备保障力量

目前,我国预备役装备保障力量总体规模较小,缺少专门的预备役专用装备保障部队。应根据中央军委的战略部署,结合未来战争对预备役保障力量的需求,尽快将组建预备役专用装备保障部队纳入国家和战区的整体装备保障力量的建设规划中。一是要根据新时期军事战略方针,合理确定预备役部队力量的规模结构。二是要完善体制编制,明确建设方向。应根据国家武装力量建设的总体思路,预备役专装保障力量要打破以省为单位组建的模式,在军工集团内组建保障型预备役部队。具体方案可采取以军事代表局为框架,以军代表为骨干,以军工集团技术人员为保障力量,成立跨省份、跨企业、跨行业的装备保障预备役部队,实行军队和军工集团双重领导,由总部动员部门和装备部门共同管理。三是要加大经费投入,落实人员和装备。充分利用国家经济发展的坚实物质和社会基础,雄厚的装备和物资储备能力,吸纳大批军民通用科技人才,将大量专业对口的转业退伍军人和地方专业技术人员编入预备役部队。

3. 建立合同商保障力量

合同商保障力量是为军队提供保障的个人或商业单位,其性质属民。合同商保障力量既包括军工集团提供技术服务的力量,也包括为部队提供技术和补给等保障服务的其他非军工集团的民营企业、外资或合资企业,甚至个人。采用合同商保障可以有效弥补军队规模不足、保障资源不足、技术水平不足等问题,是具有巨大发展潜力的装备保障力量。要有计划有重点地规划建设一批强强联合、优势互补,具有研制生产和维修保障双重职能、双重能力的大型军工企业集团,促进军工企业由装备研制生产为主,向装备研制生产与维修保障相结合转型。要综合运用经济、行政、法律等多种手段,广泛吸纳和依托社会装备保障力量,依托国家创新体系开发装备保障技术和手段。军队应通过行政、经济和法律等多种手段,引导和督促军工集团公司和装备承制单位加强售后服务与技术支援人才队伍建设。要加强对外军合同商保障的研究,落实配套政策,适时组织演练,使之成为专装保障的一支精干力量。

4. 开展军地互动训练

(1)应加强地方工业部门对军队装备保障力量的培训。从目前情况看,地方工业部门在培训部队装备人才方面,还存在着培训的针对性不强、深度不够等问题,培训效果不够明显,装备研制生产阶段的现场跟学和装备后续使用阶段的长效培训机制尚不健全。为此,军地双方要积极加强沟通协调,利用军地教育培训资源,依托双方的科研、生产和维修保障基地,统筹规划人才培训工作,开展有计划、多层次、多形式的培训,提高培训的针对性,拓展培训的深度和广度,建立长效、稳定、规范的培训机制。搞好新装备交付前的使用维护培训,组织部队保障人员跟产培训,协助军队做好各级维修保障人才培养工作。通过与装备承制单位密切配合,建立健全院校、厂家、部队相结合的装备保障人才培养体系。

(2)军队也应加强地方装备保障力量的训练。通过执行任务、专项培训,使地方保障力量了解军事基本知识、了解军队装备保障工作组织实施程序、了解特殊情况的处置方法等。军地双方应建立地方企业人员到军队学习制度,保证一旦有任务,能够很快适应军队的需要。

（3）军地双方联合训练应适时组织演练。重点突出实战背景下的军民一体化装备保障演练,为战时实施有力保障探索方法路子。应结合部队执行重大任务和演习等时机,统一组织军地保障力量,在近似实战的环境中练协同、练配合、练保障技能,促进能力增长。

（三）完善配套建设

落实配套工作是实施军民一体化装备维修保障的条件。一是健全相关法规制度。对现有的基本法规制度进行梳理,拟制和完善相关规定,规范军地双方的责任、权力和义务,完善双方售后服务章程,明确承制单位实施技术支援的程序内容和方式方法,进一步规范维修保障工作秩序。二是改革创新维修器材保障模式。抓紧建立停产或待停产装备的技术和资源转移制度,做好维修器材筹措、储备及生产能力保留工作。推动军地合建装备维修器材库,明确军地双方的责任和义务,合理设置器材库的地点和器材品种、数量。在新装备订购阶段,签订装备维修器材预购返还合同,建立预购返还机制,实现闲置器材与等价值易耗器材更新互换。督促装备承制单位在新装备研制阶段科学确定维修器材备件初始配比,合理编制维修器材供应清单。三是加强军地联合培训。充分发挥地方承制（保）单位培训优势,加大接装培训、改装培训、人员补训和部队技术骨干深化培训等军地联合培训力度。四是规范技术资料保障。军队有关部门在装备研制、采购合同中要明确提出所需技术资料种类、内容以及可读性、适用性等方面的要求。装备承制单位要按照合同明确的期限提交相应的技术资料。对于军方自主保障和军地联合保障的装备,列装×年内装备承研承制单位要交付小修全套技术资料,列装×年内移交大修所需的技术资料。鼓励装备承制单位开发现役装备交互式电子技术资料,新上型号装备必须同步开发同一平台的交互电子手册,并定期更新升级。装备承制单位,配备机动保障手段,根据部队要求提供应急现场技术支援。五是建立军地装备维修信息系统。在全军装备业务信息系统建设的基础上,依托军事综合信息网,建立军地装备维修信息系统,通过军代表机构延伸到装备承保单位。装备承保单位要建立维修保障数据库,将装备承保单位资源以及保障活动信息纳入数据库。建立完善装备维修保障信息发布制度和使用维修信息收集与反馈制度,逐步实现军地之间信息互联互通和共享。

（四）培育外部环境

推行军民一体化装备维修保障系统建设,必须要有良好的基础和环境条件。一是优化政策环境。在国家政策层面,要加大对军队企业化装备修理工厂的扶持力度。军队工厂是我军战略、战役级装备保障的重要力量。由于过去长期实行计划经济管理,社会主义市场经济环境下的适应能力、创新能力尚待提高,需要国家从政策层面给予扶持和帮助。目前,国家对军队工厂减免企业所得税的政策是三年一批,考虑到企业的长远、稳定发展,建议将减免军队工厂所得税的有关优惠政策固化下来。另外,充分发挥国防动员委员会的协调作用,对参与装备维修保障的地方有关厂(院、所),在税收、信贷、原材料供应、技术创新等方面给予优惠政策引导。二是培育市场主体。应积极鼓励有资质的民用企业承担军队装备维修保障,并扶持中小企业发展。使军工企业、民用企业与军内装备维修保障单位一起,共同构成军民一体化装备维修保障的市场竞争主体,形成一定数量企业适度竞争,军队择优选择的态势。三是严格市场管理。建立市场准入制度,由具有相应资格和能力的中立机构对装备承包商进行严格筛选和资格认证;建立责任追究制度,严惩装备维修承包商的违约行为;建立奖励制度,引导装备维修承包商主动完成好保障任务。四是改善装备技术条件。推行装备技术的标准化,以降低装备维修保障难度,并形成较大的保障业务量,进而为市场化创造条件;建立国家军民合一的技术标准,以降低装备维修保障的成本,并消除民用企业进入的技术障碍;大力发展并广泛运用军民两用技术,以降低地方保障人员技术培训的难度,并降低保障设备研制的成本。五是改进国防知识产权管理。既要坚持国防知识产权作为生产要素参与分配的原则,又要避免装备研制单位对该型装备的自然垄断。应制定合理的科技成果有偿转让规定,并为相应的装备维修保障市场竞争主体参与装备维修保障创造条件,从根本上保证军方利益。

（五）提高管理能力

在推行军民一体化装备维修保障改革中,要破除计划经济下形成的习惯思维,确立尊重市场规律、吸收市场资源、运用货币杠杆的观念,将市场调控与计划指令有机结合,使装备维修保障管理手段运用由注重计划逐步转变为计划与合同并重,真正发挥装备维修保障合同约束作用。提高军民一体化装备维修保障管理能力,一方面,要强化维修计划统筹机制。注重发挥计划在军民一体化装备维修保障中的主导作用。在现行维修计划管理体制下,将拟交地方修理的装备维修计划,按照装备承修单位类别分类检索,形成装备维修子计划,由军民一体化装备维修保障工作专项管理办公室负责汇总、审核,报总装备部审批后,与地方实现军地对接。另一方面,要严格合同履行。建立合同管理责任制,严格区分机关、技术抓总单位、总承单位、配套修理单位和质量监管单位责任,明确责权关系,划清界面,将责任落实到具体单位、具体人上。加大合同监管力度。严格合同监管,采取阶段性检查和临时抽查相结合,重点监管装备维修合同履行的进度、阶段性成果和完成质量等。实行关键维修部件定人定位监管和关键步骤报告制度,确保维修过程规范有效。严格合同验收管理。应采取阶段性验收和修竣验收相结合的方式,组织装备维修专家组进行技术鉴定,给出技术结论,综合评定维修质量和承修单位信誉等级。

三、正确处理几个重大关系

基于军民一体化装备维修保障概念和系统的研究,可知军民一体化装备维修保障既是对装备保障客观状态的一种描述,也是一种追求的理想目标和过程。我们要清醒认识到军民一体化装备维修保障建设的长期性、艰巨性和复杂性,着眼长远,搞好顶层设计,不断完善军民一体化装备维修保障系统。在顶层设计中,尤其要正确处理军队维修保障主体与地方维修保障主体、能力与效益、当前利益与远期利益、平时与战时的关系。

(一) 正确处理军地维修保障主体的关系

军队维修保障主体与地方维修保障主体是实施军民一体化装备维修保障的承载双方,两者的关系如何处理、地位作用如何看待、职能责任如何区分都将直接影响和制约军民一体化装备维修保障的顺利实施。只有客观公正地摆对双方的位置,实现军地双方的最佳融合,才能充分发挥军队与地方的资源优势,确保保障效能的最大化。目前,军队装备维修保障力量由基层级、中继级和基地级三级作业体系构成,有上万个保障机构、数十万人,平时承担着大量、繁重的装备日常维护保养、封存保管、技术准备、故障排除、小修、中修以及部分装备的大修任务,战时要完成装备应急抢救抢修、器材筹供等任务。因此,当前情况下,组织实施军民一体化装备维修保障,还必须突出军队的主导地位,充分发挥地方的辅助作用,使军队和地方在职责分工、任务区分、力量构成、机制制度等方面融为一体、互为补充。在任务区分上,军队装备保障力量主要承担中继级、基层级保障和应急保障、支援保障、特殊保障等任务,地方承研承制承修单位及其他社会力量主要负责基地级、中继级保障和新型装备的维修保障等任务;在力量构成上,军队仍是遂行装备维修保障任务的主体力量,要继续保持军队装备核心保障能力,同时积极引导、吸纳、动员地方保障力量积极参与军队装备维修保障活动,在确保军队始终掌握军民一体化装备维修保障主导权的基础上,充分发挥地方装备维修保障资源的作用。

(二) 正确处理当前利益与长远利益的关系

走军民融合式发展道路,构建军民一体化装备维修保障系统,是一项长期而复杂的任务,必须科学统筹当前利益与长远利益的关系,既考虑眼前,又着眼未来;既考虑军民一体化装备维修保障的现实基础,又考虑军民一体化装备维修保障的发展动力;既要经得起现实的检验,又要经得起历史的考验;既要看眼前发展的成果,更要看给后人留下了什么发展基础,创造了什么发展条件。为此,组织实施军民一体化装备维修保障,必须分别确立近期与远期目标,按照科学发展观的要求,把当前建设与长远发展统一起来,把建设的阶段性和发展的连续性统一起来,把快速发展、跨越式发展和可持续发展统一起来,既要注重军民一体化装备维修保障的现实需要,量力而行,突出重点,有所作为;又要着眼军民一体化装备维修保障发展的长远后劲,在抓长远性、基础性、根本性工作上下功夫,防止急功近利,打牢军民一体化装备维修保障长远发展的基础,准确寻找到当前建设的最佳着力点。当前,由于军队现在还有相当规模的企业化修理工厂,尤其是经过"十五"以来,设施设备等基础条件以及技术能力,已经有了很大提升。如果这支力量闲置不用,生产厂家为了形成大修能力,再投入巨额资金搞修理线建设,势必又造成新的浪费,与推进军民一体化的初衷都是背离的。所以在近期目标的确立上,应该利用 3~5 年的时间,按照组织试点、修改完善、全面推广的步骤,着重探索理论、思索对策、摸索路子,逐步形成适合不同类型装备的军民一体化装备维修保障模式。军工企业要站在国家利益高度,把重点放在为部队提供优质售后服务和技术保障上,努力在技术资料、人才培训、器材供应、设备配套和设施建设等方面,为军队提供技术支持,协助军队尽快形成可靠有效的保障能力。军队要善于借助地方装备承研承制单位的技术、人才优势,尽快形成和提升核心维修保障能力。在远期目标的选择上,应着眼 8~10 年甚至更长的时间,逐步实现军民维修体制一体化、维修方式一体化、维修手段一体化、器材筹供一体化、力量建设一体化、人才训练一体化。

(三) 正确处理平时与战时的关系

平时与战时是两种不同的状态,对装备维修保障来说既有不同的特点和要求,又有相互联系、相互制约的方面,如何处理好两者之间的关系、解决好两者之间的矛盾,实现平战结合是组织实施装备维修保障所遵循的一般原则。为此,组织实施军民一体化装备维修保障也必然要理清平时与战时两种不同状态下的异同,找寻两者的最佳结合点,减少平战转换的难度与矛盾,以更好地完成多样化军事任务装备维修保障任务。总体上讲,就是要立足平时、着眼战时,以战时需求牵引平时建设,以平时建设支撑战时保障,平时保障为战时保障奠定基础,战时保障为平时准备提供验证。具体地说,在宏观指导上,既要有效组织地方承研承制承修单位及其他社会力量完成好平时装备维修保障任务,又要加强平时的基础建设,积极探索战时军民一体化装备维修保障组织模式,建立完善军民一体化装备维修保障机制,制定军民一体化装备维修保障法规制度,组织以实战为背景的军民一体化装备维修保障演练,为战时保障打牢基础。在规划设计上,既要考虑平时军民一体化装备维修保障需求,又要着眼保障打赢需要,按照完成多样化军事任务和保障环境条件的要求,兼顾战时军民一体化维修保障的需要。在机制建立上,既要满足平时军民一体化装备维修保障的需要,又要适应战时军民一体化装备维修保障的组织实施。在合同订立上,既要有平时军民一体化装备维修保障的内容,又要明确战时军民一体化装备维修保障的组织实施,切实将平时与战时这两种状态有机结合起来,全面提高应对多种安全威胁、完成多样化军事任务的装备维修保障能力。

第八章　总结与展望

军民一体化装备维修保障对我国和我军来说是一个崭新的研究和实践领域。本书从概念界定、历史演变、系统构建、外部环境分析、运行研究、管理探索、思考建议等方面，对军民一体化装备维修保障进行了较为全面深入地研究。本章对主要研究工作及创新点进行归纳总结，提出存在的主要不足以及对未来的展望。

一、主要工作

本书突破传统的观念和模式，立足我国基本国情，以界定军民一体化装备维修保障有关概念为前提，以分析军民一体化装备维修保障演化为指导，以研究军民一体化装备维修保障系统、外部环境、运行和管理为主要内容，以推进军民一体化装备维修保障系统建设思路对策为归宿，从理论高度研究分析了军民一体化装备维修保障的有关问题。

1. 科学界定了军民一体化装备维修保障的基本概念

在逐字逐词研究了"军""民""一体""化""一体化"和"装备维修保障"基础上，界定了军民一体化装备维修保障的概念，提出了理解此概念需要把握的五个方面内容。在此基础上，辨析了军民一体化装备维修保障与军民结合、军民融合、维修保障社会化、装备合同商保障、装备售后服务、装备动员、装备综合保障等相关概念的关系，确立了军民一体化装备维修保障的理论定位。

2. 深入研究了军民一体化装备维修保障的演化

全面分析了军民一体化维修保障的历史进程，总结概括出军民一体化装备维修保障发展所经历的否定之否定过程，即：原始自发的军民一体化、军与民的相对分离及军队维修的独立发展和自身系统的强化、新的历史条件下军与民重新走向统一。

3. 深入分析了军民一体化装备维修保障系统

运用系统论的观点和方法，研究了军民一体化装备维修保障的主体、客体、手段三要素，分析了军民一体化装备维修保障的结构和功能，得出了必须加强要素的建设和功能的优化的结论。首先，提出了军民一体化装备维修保障系统三要素说：维修保障主体、维修保障客体和维修保障手段。在界定军地维修保障主体范畴基础上,比较了军队维修保障主体与地方维修保障主体、装备维修保障主体与装备生产主体的异同,为军地任务分工奠定了基础;分析了维修保障客体,特别是高新武器装备对维修保障提出的新要求,从装备需求角度论证了推行军民一体化装备维修保障的必要性,提出要依据维修保障客体数量、技术复杂程度、部署情况等因素来确定军地任务分工;分析了装备维修保障工具与装备生产工具的区别与联系,回答了"修造能否共线"的问题。其次,在比较军地维修保障系统结构异同的基础上,研究了军民一体化装备维修保障系统结构设立的前提假设,提出了维修保障主体的人性有善有恶、维修保障主体行为主要为经济人模式、军方具有有限的装备维修保障能力、装备维修系统是开放的多主体复杂适应系统等四条前提假设,为军民一体化装备维修保障系统结构设计奠定基础,设计了"三纵两横一支撑"的军民一体化装备维修保障组织管理结构和新型三级、两级和一级相结合的军民一体化装备维修作业体系。在比较军地维修保障系统功能异同的基础上,提出了军民一体化装备维修保障两大新功能,即通过转变生成模式,促进维修保障能力形成和提升;通过统筹保障资源,提高维修保障效益。

4. 全面分析了军民一体化装备维修保障的外部环境

研究了经济、科技、政治、文化等外部环境对军民一体化装备维修保障发展的各种不同影响和制约,得出了军民一体化装备维修保障环境复杂,对开展军民一体化维修保障有重大影响,军民一体化装备维修保障必须适应外部环境,构建军民一体化装备维修保障系统必须加强环境建设的结论。

5. 深入研究了军民一体化装备维修保障的运行

分析了军民一体化装备维修保障的运行机制、运行模式,并对器材保障、法规制度、信息支撑和人才培训等运行条件进行了研究,着眼战时应用研究了军民一体化装备维修保障的战时运行问题。第一,提出要建立和完善计划主导机制、统筹协调机制、适度竞争机制、科学评价机制和监督检查机制等五方面的军民一体化装备维修保障机制。第二,论证提出了军民一体化装备维修保障具有军地分阶段保障模式、承包商保障模式、商业竞争性保障模式等多种保障模式。每种模式各有利弊,要根据装备的不同类型、不同阶段和不同保障需求,灵活采取相应的保障模式。第三,研究了军民一体化装备维修保障运行的器材保障、法规制度、信息支撑和人才培训等保障条件,查找了各保障条件在实践中存在的问题,有针对性地提出了对策建议。第四,研究了战时军民一体化装备维修保障的运行,在战时军民一体化装备维修保障的特点与要求研究基础上,着重围绕地方维修保障力量的筹集、编组、方式确定、开展勤务和组织归建等方面进行了论证研究。

6. 深入研究了军民一体化装备维修保障的管理

在研究军民一体化装备维修保障管理的特点、职能、原则基础上,对军民一体化装备维修保障的计划管理、合同管理、风险管理进行了分析。首先,研究提出军民一体化装备维修保障管理具有军事性与经济性的统一、社会性与自然性的统一、趋一性和多样性的统一的特点,军民一体化装备维修保障具有计划、组织、领导、协调和控制五项职能,实施军民一体化装备维修保障管理要遵循集中统一、讲求效益和优化系统的原则。其次,研究了军民一体化装备维修保障两种主要管理手段:计划管理和合同管理。研究提出了军民一体化装备维修保障计划编制的程序方法,分析了装备维修保障合同的特点,指出了合同管理中存在的问题,提出了对策措施。再次,系统研究了军民一体化装备维修保障的可能存在的风险,主要表现为削弱军方核心保障能力、维修经费大幅上升、地方保障力量"保障不上"、装备质量连锁下降、失泄密、寻租等,分析了产生上述风险的原因,并提出了防范措施。

7. 提出了我国军民一体化装备维修保障系统建设的思路对策

在本书前六章研究的基础上,针对当前军民一体化装备维修保障建设中的薄弱环节和难点,提出了我国军民一体化装备维修保障系统建设的宏观思路。并从转变思想观念、完善配套建设、培育外部环境、提高管理能力四个方面入手,提出了具体对策建议。结合军民一体化维修保障的建设目标,从理论上提出需正确处理三个重大关系。

二、主要创新点

本书的创新点主要有以下四点。

(1)构建了军民一体化装备维修保障的理论框架。本书运用系统科学的理论和方法,以界定军民一体化装备维修保障有关概念为研究前提,以总结军民一体化装备维修保障历史演化为研究指导,以分析军民一体化装备维修保障环境、运行和管理为研究主体内容,以提出军民一体化装备维修保障改革思路建议为研究归宿,构建了军民一体化装备维修保障的理论框架。

(2)总结概括了军民一体化装备维修保障的演化过程。本书运用历史与逻辑相统一的方法,全面分析了军民一体化维修保障的历史进程,总结概括出军民一体化装备维修保障发展所经历的否定之否定过程,即:原始自发的军民一体化、军与民的相对分离及军队维修的独立发展和自身系统的强化、新的历史条件下军与民重新走向统一。

(3)论证提出了军民一体化装备维修保障系统。本书运用系统科学的理论方法,论证提出了军民一体化装备维修保障系统,对军民一体化维修保障的主体、客体和维修手段三个基本要素进行了深入分析,在比较军队和地方维修保障组织结构功能异同基础上,明确提出了军民一体化维修保障系统的结构和功能。

（4）提出了军民一体化装备维修保障的潜在风险,分析了产生原因,并结合我国实际给出了对策建议。

本书系统分析了军民一体化装备维修保障可能存在的削弱军方核心保障能力、维修经费大幅上升、地方保障力量"保障不上"、装备质量连锁下降、失泄密等风险,结合我军推进军民一体化维修保障改革的实际,并指出产生风险的主要原因是由于地方企业所追求经济利益最大化的企业目的,与装备维修保障所追求军事利益最大化的军事目的之间的差异造成的,进而提出了稳步推进改革、合理控制地方保障份额、强化技术和制度防范等措施。

三、研究展望

军民一体化装备维修保障对我军来说是一新生事物,有关研究还处于起步阶段。由于时间、精力有限,本书有些内容还不够完善,或者尚未涉及,需要在今后结合实践的发展进一步深化研究。

1. 关于核心维修保障能力问题

推行军民一体化装备维修保障,首先要回答军地任务分工的问题。哪些由军队负责修理,哪些可以交给地方修理,其区分的基本依据便是军队核心维修保障能力。围绕战时装备维修保障需求,军队需要具备哪些维修保障能力,其判定的标准是什么,为了维持核心维修保障能力,平时又需要承担多大的维修工时量,这些都需要理论予以回答。本书只是根据装备维修保障要素的特点,提出了军地任务区分的原则,只是定性描述,没有定量分析,这需要下一步深入研究。

2. 关于军民一体化装备维修保障管理问题

本书只是对军民一体化装备维修保障的计划管理、合同管理、风险管理进行了研究。实际上,按照项目管理的有关理论,军民一体化装备维修保障管理还包括经费管理、质量管理、技术管理、人员管理、进度管理等诸多内容,这些本书尚未涉及,需要在今后开展相关研究。

3. 关于军民一体化装备维修保障效益评价问题

推行军民一体化装备维修保障所取得的经济、军事和社会效益,是制定相关法规政策的重要依据。特别应全面、系统、客观、历史地评价利用"民力"的利与弊、优与劣、长与短。同时,还要考虑整个制度建立的成本、社会代价,以及资源配置的总体社会效益。对军民一体化装备维修保障应采用哪些评价方法,构建怎样的评价模型,评价中应注意哪些问题,都是今后要深入研究解决的问题。

参 考 文 献

[1]　中国社会科学院语言研究所. 现代汉语词典[M]. 北京:商务印书馆,2002.

[2]　夏征农. 辞海[M]. 上海:上海辞书出版社,1999.

[3]　侯喜贵. 军队信息化建设研究[M]. 北京:解放军出版社,2002.

[4]　朱小冬. 信息化作战装备保障[M]. 北京:国防工业出版社,2007.

[5]　曾苏南,李银年. 一体化联合作战专题研究[M]. 北京:军事科学出版社,2004.

[6]　阮汝祥. 中国特色军民融合理论与实践[M]. 北京:中国宇航出版社,2009.

[7]　孙宏,宋华文. 装备动员学教程[M]. 北京:解放军出版社,2006.

[8]　屈放军,等. 议军民一体化维修保障[J]. 海军装备,2004(10):56-57.

[9]　连光耀. 装备设计—制造—维修保障一体化研究[J]. 弹箭与制导学报,2007(2):54-55.

[10]　徐起. 军民兼容保障体系论[M]. 北京:国防大学出版社,2001.

[11]　于川信,周建平. 军民融合式发展理论与实践[M]. 北京:军事科学出版社,2010.

[12]　陆凡,谢晴. 战时装备合同商保障研究[M]. 北京:国防工业出版社,2010.

[13]　曾昭兴,曾占平. 军民合建军事通信探索[M]. 北京:军事科学出版社,2000.

[14]　阮汝祥. 中国特色军民融合理论与实践[M]. 北京:中国宇航出版社,2009.

[15]　李环林. 军民融合装备保障[M]. 北京:解放军出版社,2009.

[16]　张荣. 对我军装备维修保障一体化建设的思考[J]. 海军装备维修,2007(10):15-16.

[17]　李长江. 适应海军装备建设跨越式发展需要,积极推进军民一体化装备维修保障[J]. 装备,2006
        (8):21-24.

[18]　甘茂治,等. 建设军民一体化装备维修保障的几点思考[J]. 2008年军民两用维修技术学术研讨会
        论文集,2008(10):134-137.

[19]　于海明. 海军装备军民一体化保障应处理好的几个关系[J]. 海军装备维修,2007(1):31-35.

[20]　李源,杨建军. 基于"外包"策略的军事装备保障探讨[J]. 国防技术基础,2008(8):45-47.

[21]　李伟,等. 外军装备维修保障社会化的主要特点[J]. 装备学术,2007(2):32-34.

[22]　郭祥雷. 论装备保障中的军民融合[J]. 军事经济研究,2008(9):45-46.

[23]　杜人淮. 民营企业进入国防产业的理论探讨[J]. 军事经济研究,2004(4):54-56.

[24]　毛红燕. 民营企业进入国防工业的道德风险防范[J]. 军事经济研究,2008(4):11-13.

[25]　郭守田. 世界通史资料选集(中古部分)[M]. 北京:商务印书馆,1981.

[26]　马克思恩格斯全集:第7卷[M]. 北京:人民出版社,1965.

[27]　清·徐松辑:宋会要辑稿第69册职官十六之二十四·弓弩院[M]. 北京:中华书局,1975.

[28]　张子丘,王建平. 装备技术保障概论[M]. 北京:军事科学出版社,2001.

[29]　甘茂治,等. 军用装备维修工程学[M]. 北京:国防工业出版社,2005.

[30]　孙宏,舒正平. 装备保障学[M]. 北京:国防工业出版社,2007.

[31]　李智舜,吴明羲. 军事装备保障学[M]. 北京:军事科学出版社,2009.

[32] 高铁路,高崎,张学成.系统视角下的军民一体化装备保障体系构建研究[J].装备指挥技术学院学报 2011(2):15－19.

[33] 张宇燕.经济发展与制度选择——对制度的经济分析[M].北京:中国人民大学出版,1993.

[34] 马克思恩格斯全集:第 20 卷[M].北京:人民出版社,1971.

[35] 马克思恩格斯军事文集:第 1 卷[M].北京:战士出版社,1982.

[36] 马克思恩格斯全集:第 29 卷[M].北京:人民出版社,1972.

[37] 贝尔纳.科学的社会功能[M].北京:商务印书馆,1982.

[38] 毛泽东选集:第 2 卷[M].北京:人民出版社,1991.

[39] 张岱年,方克立.中国文化概论[M].北京:北京师范大学出版社,1994.

[40] 张召忠,陈军生.联合战役装备技术保障[M].北京:国防大学出版社,2005.

[41] 颜泽贤.系统科学导论[M].北京:人民出版社,2006.

[42] 徐起.军民兼容保障体系论[M].北京:国防大学出版社,2001.

[43] 任民.国防动员学[M].北京:军事科学出版社,2008.

[44] 辛鸣.制度论——关于制度哲学的理论建构[M].北京:人民出版社,2005.

[45] 施渡桥.晚清军事变革研究[M].北京:军事科学出版社,2003.

[46] 曾仲秋.战争动员规律论[M].北京:解放军出版社,2009.

[47] 刘戟锋.军事技术论[M].北京:兵器工业出版社,1991.

[48] 仲晶.武器装备形成战斗力研究[M].北京:国防大学出版社,2002.

[49] 魏刚.武器装备采办合同理论研究与实证分析[M].北京:国防大学出版社,2003.

[50] 于川信.军队后勤宏观管理机制论[M].北京:军事科学出版社,2010.

[51] 侯光明.国防科技工业军民融合发展研究[M].北京:科学出版社,2009.

[52] 张凤鸣.航空装备科学维修导论[M].北京:国防工业出版社,2006.

[53] 《中国军事史》编写组.中国历代军事装备[M].北京:解放军出版社,2007.

[54] 肖冬松.新军事变革的文化分析[M].北京:国防大学出版社,2005.

[55] 迈克尔·奥汉隆.高科技与新军事革命[M].北京:新华出版社,2001.

[56] T·N·杜普伊.武器和战争的演变[M].北京:军事科学出版社,1985.

[57] 安·阿·科科申.军事战略新论[M].北京:军事科学出版社,2009.

[58] P.爱德华.国防部总动员计划[M].北京:军事科学出版社,2007.

[59] 思拉恩·埃格特森.新制度经济学[M].北京:商务印书馆,1996.

[60] 迈克尔·怀特.战争的果实——军事冲突如何加速科技创新[M].北京:三联书店,2009.

[61] M.M.基里扬.军事基础进步与苏联武装力量[M].北京:中国对外翻译出版公司,1984.

[62] 雅克·甘斯勒.美国国防工业转轨[M].北京:国防工业出版社,1998.

[63] 阿尔文·托夫勒.战争与反战争[M].北京:中信出版社,2007.

[64] 斯蒂芬·P·罗宾斯.管理学[M].7 版.北京:中国人民大学出版社,2003.

[65] 郭世贞,裴美成.军事装备史[M].北京:解放军出版社,2007.

[66] 康学儒.装备论[M].北京:军事科学出版社,2004.

后　记

本书从构思到完成历经三年有余。

临近收笔之际，百感交集。既为自己能萌发一些思想的火花而喜悦，也为自己学识不足而遗憾。细细回味其间经历，已认真的对待，有辛勤的付出，这正是人生成长的经历。

本书的写作也是建立在前人铺就的路基之上。在这里我要特别感谢的是装备学院教授、博士生导师郭世贞少将，从本书的酝酿撰写到文稿的审阅把关，始终给予了精心指教。郭教授严谨求是的治学精神，循循善诱的指导方法，精益求精的工作作风和对科学探索的炙热情感深深影响着我，他的言传身教将激励我在科学的崎岖小道上不畏劳苦地探索不止。

在本书研究和写作过程中，我怀着深切的学术情怀和改革的激情亲身参与了全军军民一体化装备维修保障改革，也深刻体察出改革的艰辛。在此，感谢总装综合计划部蒋跃庆局长、梁华副局长、张子丘副主任，陶西平研究员、冯巨才研究员、刘博强研究员对我的教诲，感谢陈智勇、章明浩、王宗川、高萍、李浩、杨磊等同事为著作撰写给予的帮助。

同时，感谢雷渊深部长、陈庆华教授、李霖教授、于洪敏教授、宋华文教授、赵洪宇教授、郑绍钰教授、赵新国教授等老师在著作撰写过程中对我的教诲和帮助。感谢康学儒主任、李景和主任等诸位专家对我的教诲和帮助。还要感谢师兄杜茜、孟庆龙、徐鹏飞在著作完成期间与我的交流切磋。

最让我感动的是在本书撰写期间，儿子赵一帆的降生给全家带来了无限的欢乐，这要衷心感谢妻子张海华女士和辛苦抚育外孙的岳父母，正是他们不辞劳累才使我有充足的时间进行研究。感谢我的父母，是他们辛苦操劳抚育我成人，在此将这份研究成果献给他们。

另外，在国防工业出版社领导和编辑的关心和支持下，专著才得以顺利出版。在本书即将付梓之际，我谨向曾经给我以培养教育和无私帮助的师长、友人们表示由衷的感谢和深深的敬意。同时，也希望广大读者给予新的指正意见。

赵　明

二〇一四年六月于北京怀柔

144